KB053740

어린이

훈민정음

맞춤법 발음

어휘력은 모든 학습의 뿌리

띄어쓰기

원고지 사용법

기초 문법

5-1

책을 펴내며

언어는 의사소통은 물론이고, 자신의 생각을 표현하는 데 꼭 필요한 수단입니다. 이런 언어의 기본 단위가 바로 어휘입니다. 따라서 어휘력의 양적, 질적 향상은 매우 중요하다고 하겠습니다. 특히 학습 과정에 있는 학생들에게 있어 어휘력은 학습의 성패를 좌우할 만큼 중요한 요소입니다. 모든 교과 학습은 물론, 그 결과를 묻는 시험이 언어를 통해 이루어지기 때문입니다. 그러므로 어휘력은 단순히 국어 공부의 한 부분이 아니라, 모든 학습의 기본이자 필수 항목인 것입니다.

국어에는 총 50만 개가 넘는 어휘가 있고, 사회가 발전함에 따라 어휘는 생성과 소멸을 반복하며 변화하고 있습니다. 원만한 사회생활을 위해서 기본적으로 알아야 하는 어휘 수는 대략 5만 개 정도로 봅니다. 그런데 이 가운데 초등학교 과정에서 배우는 어휘가 약 2만 5천 개 정도나 됩니다. 결국 우리는 생활에 필요한 어휘의 반을 초등학교 과정에서 배우게 됩니다. 그만큼 초등학교 때 어휘 공부는 대단히 중요합니다.

그렇다면 초등학생들의 어휘력 향상을 위한 가장 좋은 학습 방법은 무엇일까요?

바로 교과서와 연계하여 관련 어휘를 학습하는 것입니다. 교과서에서 눈에 익은 어휘는 그만큼 어린이들이 쉽게 받아들이고 배우기에 수월합니다. 그리고 교과서 어휘를 완벽하게 익힘으로써 학습 효과를 높이는 것은 물론이고, 공부에 자신감이 생기게 됩니다. 이 책의 편집 원칙 가운데 첫째로 삼은 것이 바로 이 점입니다.

본 교재는 출간 당시부터 지금까지 여러 선생님과 학부모님들로부터 좋은 평가를 받아 왔던 '어린이 훈민정음'의 3차 개정판입니다. 2019년부터 적용되는 새 교과서 내용에 따라 이번에 전면 개정을 하였습니다. 학년별로 꼭 필요한 어휘를 선정하고, 어린이들이 쉽고 재미있게 학습하도록 문제 형식을 다양하게 구성하였습니다.

아무쪼록 본 교재를 통해 어린이들이 어휘 학습에 흥미를 느끼고, 자신감을 얻어 교과 학습은 물론이고 바른 국어 생활을 하는 데 이 책이 길잡이가 되기를 바랍니다.

감사합니다.

도서출판 **시서례**

어린이 훈민정음

3차 개정판

목차

제 1 과 대화와 공감

1 대화

상대와 대화를 나눌 때 조심해야 할 것들입니다. 빈칸에 알맞은 낱말을 쓰세요.

(1) 상대의 표정, 몸짓, 말투를 통해 기분이나 생각을 │ 짐 │ 자 │ 하며 말한다.

    ＊ 주어진 상황으로 대강 미루어 생각하는 것.

(2) 상대를 │ 펴 │ 가 │ 하지 말고, 행동을 설명하듯이 칭찬해야 한다.

    ＊ 어떤 기준으로 사람이나 사물의 가치나 수준을 따지는 것.

(3) 상대에게 고민을 말하도록 │ 가 │ 요 │ 해서는 안 된다.

    ＊ 강제로 요구하는 것.

(4) 상대에게 │ 지 │ 시 │ 이 전해지도록 노력한다.

    ＊ 거짓이 없는 참된 마음.

(5) 상대를 │ 배 │ 근 │ 하며 │ 조 │ 어 │ 한다.

    ＊ 도와주거나 보살펴 주려고 마음을 쓰는 것.
    ＊ 말로 도움을 주거나 깨우쳐 주는 것.

2 나쁜 말과 행동

다음 문장에 글자가 한 자씩 빠져 있습니다. 알맞은 글자를 찾아 빈칸에 쓰세요.

(1) 친구의 부탁을 ☐☐가시게 생각하는 사람은 진짜 친구가 아니다.

(2) 친구가 실수했을 때에는 ☐☐웃음을 짓지 말고 걱정해 주어야 한다.

(3) 친구에게 ☐☐정거리는 말투는 쓰지 않는다.

(4) 친구에게는 ☐☐관심이 가장 큰 상처다.

(5) 친구의 고민을 ☐☐찮게 여겨서는 안 된다.

보기   빈   성   하   비   무

3 책

 책과 관계있는 낱말입니다. 빈칸에 알맞은 낱말을 쓰세요.

(1)
청구 기호를 알면 도서관에서 책을 쉽게 찾을 수 있다.

* 남에게 돈이나 물건 등을 달라고 요구하는 것.

(2)
문학의 에는 무엇이 있는지 선생님께 여쭈어 보았다.

* 무엇을 일정한 기준에 따라 여럿으로 나눈 것.

(3)
민주는 동화보다 희곡 을 좋아한다.

* 공연을 목적으로 만든 연극 대본.

(4)
정은이는 이 작가의 수필 을 읽고 크게 감동을 받았다.

* 일정한 형식에 따르지 않고 일상생활의 느낌이나 체험을 생각나는 대로 쓴 글.

(5)
새 책의 띠지 를 잃어버려서 재훈이가 슬퍼했다.

* 돈, 서류, 책 등을 둘러 감는, 가늘고 긴 종이.

(6)
나는 책에서 멋진 를 읽으면 일기장에 적어 놓는다.

* 몇 글자나 몇 낱말로 이루어진 짧은 글.

4 무슨 낱말일까요?

설명을 읽고, 빈칸에 알맞은 낱말을 넣어 문장을 완성하세요.

(1) 칭찬을 받으면 자신의 진짜 능력을 발 ㅎ 할 수도 있다.

  * 재능, 능력 등을 나타내는 것.

(2) 민지는 여우의 새 ㅌ 를 알아보고 싶어서 도서관에 갔다.

  * 생물이 살아가는 상태.

(3) 치타가 빛보다 빠르다는 말은 과 ㅈ 이 심하다.

  * 사실보다 지나치게 부풀려서 나타내는 것.

(4) 칭찬은 사람의 자 재 능력을 이끌어 내기도 한다.

  * 겉으로 드러나지 않고 속에 숨어 있는 것.

(5) 선생님은 내 동생을 보시고는 음악에 ㅅ 질 이 있는 것 같다고 하셨다.

  * 처음부터 가지고 있는 성질. 타고난 능력.

(6) 자신의 재능을 믿고 꿈을 시 ㅎ 하기 위해 노력하자.

  * 꿈, 기대 등을 실제로 이루는 것.

(7) 책 읽는 데에  가 되니까 나가서 놀아라.

　　＊ 남의 일을 잘못되게 하거나 못하게 하는 것.

(8) 남을 사랑하는 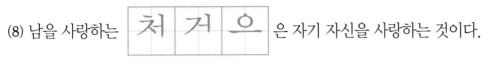 은 자기 자신을 사랑하는 것이다.

　　＊ 어떤 일의 시작.

(9) 현정이가 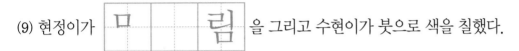 을 그리고 수현이가 붓으로 색을 칠했다.

　　＊ 색을 칠하기 전에, 모양의 대강만을 그린 그림.

(10) 돌에 걸려 넘어진 진영이는 다리가 부러진 것 같다고 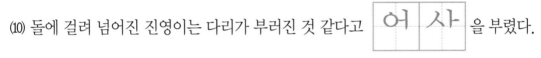 을 부렸다.

　　＊ 아픔이나 괴로움을 거짓으로 꾸미거나 실제보다 심하게 나타내는 것.

(11) 경찰은 범인을 찾는 데에  가 될 만한 물건을 찾고 있다.

　　＊ 어떤 문제를 풀어 나가는 데에 도움이 되는 사실.

(12) 지윤이는 늦잠을 자는 바람에 어머니께  을 들었다.

　　＊ 아랫사람의 잘못을 꾸짖는 말.

(13) 내 말에 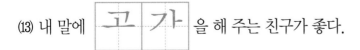 을 해 주는 친구가 좋다.

　　＊ 남의 감정, 의견, 주장 등에 대해 자기도 그렇다고 느끼는 것.

5 꾸미는 말

설명에 알맞은 낱말을 찾아 쓰고, 그 낱말을 이용해서 문장을 완성하세요.

(1) 크게 한 번. _____

(2) 몹시 어수선하고 급하게. _____

(3) 적지만 어느 정도로. _____

(4) 실제로. _____

보기	다소	정작	황급히	한바탕

(5) 구름이 끼더니 소나기가 [＿＿＿＿＿＿] 쏟아졌다.

(6) 호랑이는 도둑이 자기 등에 올라타자 [＿＿＿＿＿＿] 밖으로 뛰쳐나갔다.

(7) 진수는 [＿＿＿＿＿＿] 사야 할 것은 안 넣고, 장난감만 잔뜩 담았다.

(8) 오늘은 바람이 약간 불어 [＿＿＿＿＿＿] 쌀쌀하겠습니다.

6 무슨 뜻일까요?

밑줄 친 말의 알맞은 뜻을 찾아 번호를 쓰세요.

(1) 친구를 칭찬할 때에는 <u>두루뭉술하게</u> 말하면 효과가 적다.　　　　(　)

　　① 자세하거나 분명하지 않게.

　　② 자세하고 분명하게.

(2) 아직도 세계 곳곳에서 <u>인종 차별</u>이 벌어지고 있다.　　　　(　)

　　① 인종에 대한 잘못된 생각 때문에 평등하게 대하지 않는 것.

　　② 둘 이상의 사람이 집단을 이루어 특정한 사람을 따돌리는 일.

(3) 시작은 <u>미약했지만</u> 결국 우리 반이 체육대회에서 우승을 차지했다.　　　　(　)

　　① 싸울 때마다 계속 졌지만.

　　② 보잘것없이 작고 약했지만.

(4) 현수는 자기 행동이 <u>멋쩍었는지</u> 머리를 긁으며 웃었다.　　　　(　)

　　① 자랑스러웠는지.

　　② 어색하고 쑥스러웠는지.

(5) <u>소심한</u> 민정이가 그 일을 해낼 수 있을까?　　　　(　)

　　① 어떤 일에 익숙하지 못해 잘하지 못하는.

　　② 용감하지 못하고 조심성이 지나치게 많은.

(6) 연경이는 두 책을 <u>견주어</u> 평가해 보았다.　　　　(　)

　　① 둘 이상의 사물에서 어떠한 차이가 있는지 대어 보아.

　　② 둘 이상의 사물에서 어떠한 점이 비슷한지 대어 보아.

7 같은 소리, 다른 뜻

글자의 모양과 소리는 같지만 뜻이 다른 낱말이 있습니다. 빈칸에 공통으로 들어갈 낱말을 쓰세요.

(1)

포	기

① 어머니는 김장을 하시려고 배추 스무 (   )를 사셨다.
  * 뿌리가 있는 채소를 세는 단위.

② 이 일은 너무 어려워서 (   )해야겠어.
  * 하려던 일을 중간에 그만두는 것.

(2)

요	기

① 어머니께서 남은 빵을 (   )에 담아 두셨다.
  * 물건을 담는 그릇.

② 상대가 나보다 커서 (   )가 나지 않는다.
  * 씩씩하고 굳센 기운.

(3)

어	린

① 여기에 나보다 (   ) 사람은 없다.
  * 나이가 적은.

② 정성 (   ) 선물을 받으니 눈물이 났다.
  * 어떤 기운이 담겨 있는.

(4)

조	화

① 어머니는 시장에서 (   )를 잔뜩 사 오셨다.
  * 종이, 천, 비닐 등을 재료로 만든 꽃.

② 이 그림은 색의 (   )가 무척 잘 이루어졌다.
  * 서로 잘 어울림.

8 약속

다음 낱말 뜻을 보고 빈칸에 들어갈 낱말을 쓰세요.

약속 시간이 지났는데도 현주가 나타나지 않았다. 걱정이 되었다. 약속을 하면 언제나 (1) ⬚ 보다 일찍 오던 현주였기 때문이었다.

30분쯤 지나 현주가 도착했다. 이마와 콧등에는 땀이 송골송골 맺혀 있었다.

"왜 이렇게 늦었어? 걱정했잖아."

"버스에서 어떤 할머니를 만났어. 나는 자리를 (2) ⬚ 하고 할머니 옆에 서 있었어. 처음에는 괜찮으셨는데 두 정거장쯤 지났을 때 기사 아저씨께 배가 아프다고 하셨어. 그러시더니 곧 소리를 내며 아파하시는 거야. 그래서 기사 아저씨께 말씀드리고 가까운 병원에 모셔다 드리느라 늦었어. 미안해."

이거야말로 (3) ⬚ 있는 지각이었다. 다른 병은 걸리고 싶지 않지만, 현주의 친절 (4) ⬚ 에는 감염되고 싶었다.

(1) 정해 놓은 시간.

| ㅈ | 시 | 간 |

(2) 자리나 물건 등을 남에게 내주는 것.

| 야 | ㅂ |

(3) 귀중하게 여길 만한 성질.

| 가 | ㅊ |

(4) 다른 생물에 붙어 살면서 병을 일으키기도 하는 미생물.

| 바 | ㅇ | ㄹ | 스 |

9 바르게 쓰기

다음 문장에서 틀린 낱말에 밑줄을 긋고 바르게 고쳐 쓰세요.

(1) 민정이는 아직도 잘못을 깨닷지 못하고 있다.

_____

(2) 네 얼굴을 보니 무언가 고민꺼리가 있는 것 같아.

_____

(3) 오랜만에 친구들을 만나니 이야기거리가 매우 많다.

_____

(4) 옆집 아저씨는 운동을 열심히 하셔서 그런지 등치가 무척 크시다.

_____

(5) 사슴 한 마리가 길을 잃어 해매고 있었다.

_____

(6) 이 병은 절대로 다른 사람에게 옴지 않아.

_____

(7) 너도 상을 받았으면 좋았을 탠데.

_____

10 십자말풀이

가로 열쇠와 세로 열쇠를 잘 읽고, 빈칸을 채우세요.

	(1)	(2)			
(3)				(7)	(8)
(4)	(5)				
	피			(9)	
(6)			(10) 야		
		(11)			

가로 열쇠

(1) 말을 기르는 곳.

(4) 화를 푼다는 뜻으로, 엉뚱하게 다른 사람이나 딴 일에 화를 내는 것.

(6) 새의 주둥이.

(7) 학문을 연구하는 사람.

(9) 자기보다 나이가 많음. ⑪ 연하

(10) 들판 가까이에 있는 나지막한 산.

(11) 세상에 태어나서 죽을 때까지의 동안.
⑪ 평생

세로 열쇠

(2) 땅이 움푹하게 파인 곳.

(3) 동물을 주인공으로 하여 그들의 행동을 통해 교훈을 주는 이야기.

(5) 풀잎을 입술에 대고 불어 소리를 내는 것.

(6) 대보름날 아침에 깨물어 먹는 땅콩, 호두, 잣 같은 딱딱한 열매.

(8) 스스로 자기 얼굴을 그린 그림.

(9) 덧셈, 뺄셈, 곱셈, 나눗셈을 이용하여 하는 셈. 사칙 ○○.

(10) 산과 들에서 저절로 자람. ⑩ ○○ 식물.

제 2 과   작품을 감상해요

1 신학문

新學問
새 **신** 배울 **학** 물을 **문**

서양에서 들어온 새로운 학문.

예) 유관순은 <u>신학문</u>을 배우기 위해 이화학당에 입학했다.

설명을 읽고, '새 신(新)' 자가 들어간 낱말을 쓰세요.

(1) 새로 지은 노래.

	고

(2) 새로 나온 책.

	가

(3) 집, 다리 같은 것을 새로 짓는 것.

	추

(4) 큰 도시 주변에 새롭게 세운 도시.

(5) 자동차가 다닐 수 있을 정도로 넓게 새로 만든 길.

	자	근

(6) 새로 입학한 학생.

		이	새

2 어울리는 말

다음 뜻풀이를 읽고, 빈칸에 알맞은 낱말을 찾아 쓰세요.

(1) 더위를 [   ] .

→ 여름철에 더위 때문에 몸에 이상 증세가 생기다.

(2) 눈에 [   ] .

→ 어떤 사람이나 일 따위에 관한 기억이 떠오르다.

(3) 입이 [   ] .

→ 매우 놀라거나 좋아하다.

(4) 눈살을 [   ] .

→ 마음에 못마땅한 뜻을 나타내어 두 눈썹 사이를 찡그리다.

(5) 숨을 [   ] .

→ '죽다'를 부드럽게 표현한 말.

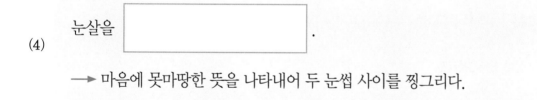

보기   찌푸리다   벌어지다   거두다   먹다   어른거리다

3 무슨 낱말일까요?

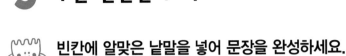 빈칸에 알맞은 낱말을 넣어 문장을 완성하세요.

(1) 태극기의 물결이 |자|아| 을 뒤덮었다.

  * 수도라는 뜻으로, '서울'을 가리키는 말.

(2) 김구 선생님은 우리나라의 |도|ㄹ| 을 위해 평생을 바치셨다.

  * 한 나라가 완전한 주권(나라의 주인으로서 가지는 권리)을 지니는 것.

(3) 진주는 지갑을 찾으려고 방안을 |사|사| | 뒤졌다.

  * 빈틈이 없이 모조리.

(4) 아버지는 전국 |바|바|고|고| 을 다니시며 과일을 파신다.

  * 한 군데도 빠짐이 없는 모든 곳.

(5) 태하는 수린이의 얼굴을 |ㄱ|ㄴ|지| 로 힐끔 쳐다보았다.

  * 얼굴은 돌리지 않고 눈알만 옆으로 굴려서 보는 것을 낮추어 하는 말.

(6) 밤이 되자 사람들은 |호| 를 들고 산을 올랐다.

  * 싸리나 갈대 따위를 묶어 불을 붙여서 밤길을 밝히는 데 쓰는 물건.

(7) 혜빈아, 할머니께서 어깨가 아프시니 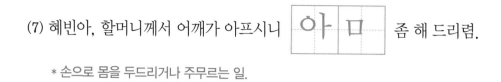 좀 해 드리렴.

　　* 손으로 몸을 두드리거나 주무르는 일.

(8) 시언이는 문틈으로 누나의 전화를 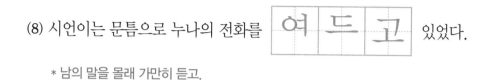 있었다.

　　* 남의 말을 몰래 가만히 듣고.

(9) 자신감은 '할 수 있다'는  에서 나온다.

　　* 굳게 믿는 마음.

(10) 동주는 시합이 끝나고 나니 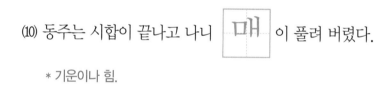 이 풀려 버렸다.

　　* 기운이나 힘.

(11) 오백 원짜리 지우개가 천오백 원이 되었으니 값이 세 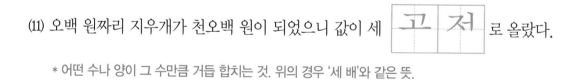 로 올랐다.

　　* 어떤 수나 양이 그 수만큼 거듭 합치는 것. 위의 경우 '세 배'와 같은 뜻.

(12) 유관순은 부모님의 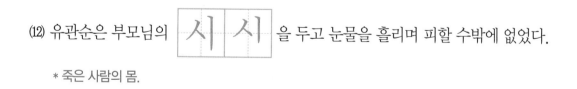 을 두고 눈물을 흘리며 피할 수밖에 없었다.

　　* 죽은 사람의 몸.

(13) 경기가 끝나자 사람들은  흩어져 집으로 돌아갔다.

　　* 저마다 따로따로.

4 누구일까요?

사람을 나타내는 낱말입니다. 빈칸에 알맞은 낱말을 쓰세요.

(1) 옛날 _____ 들은 책을 읽고 시를 읊으며 하루를 보냈다.

* 양반 가운데 공부는 많이 했지만, 벼슬을 하지 않은 사람.

ㅅ	ㅂ

(2) 우리는 단군의 _____ 이다.

* 여러 대가 지난 뒤의 자손.

ㅎ	손

(3) 삼촌은 군대에서 _____ 으로 근무하신다.

* 군대에서 경찰 업무를 맡은 군인.

헌	ㅂ

(4) 작은아버지의 아들과 나는 _____ 관계이다.

* 아버지 형제자매의 아들이나 딸.

사	

(5) 유관순은 _____ 들과 함께 독립 만세를 부를 계획을 세웠다.

* 목적이나 뜻이 서로 같은 사람.

ㄷ	지

(6) 우리는 미래에 이 나라를 짊어지고 나갈 _____ 이다.

* 어떤 일을 맡아서 하거나 맡아서 할 사람.

이	ㄲ

5 어디일까요?

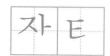 **설명을 읽고, 알맞은 장소를 빈칸에 쓰세요.**

(1) 장이 서는 자리.

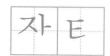

(2) 죄지은 사람을 가두어 두는 곳.

(3) 넓은 길에서 좁은 길로 들어가는 곳.

(4) 태어나서 자란 곳. ⑲ 타향

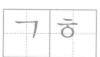

(5) 사람들이 쉴 수 있게 시설을 갖추고, 나무 · 꽃 등을 심어 놓은 곳.

(6) 버스, 전철 들이 사람을 내려 주거나 태우려고 멈추는 곳.

(7) 주로 부엌 위에 이층처럼 높게 만든 방.

(8) 학교나 공장 같은 곳에 딸려 있어 학생이나 직원들이 함께 먹고 자는 집.

6 비슷한말

밑줄 친 낱말의 비슷한말을 쓰세요.

(1)

이이는 일본의 침입에 대비해 군사 10만 명을 준비하자고 주장했다.

임진왜란은 일본이 조선을 [치][랴] 하여 일어난 전쟁이다.

(2)

김치는 우리 민족의 대표적인 음식이다.

우리 [ㄱ][ㄹ] 의 소원은 통일이다.

(3)

컴퓨터 게임을 하는데 동생이 자꾸 방해를 했다.

동생이 [ㅎ][바] 을 놓는 바람에 그림이 엉망이 되었다.

(4)

이 건물은 계단이 천 개가 넘는다.

종국이는 엘리베이터를 타지 않고 [ㅊ][ㄱ] 를 오르내린다.

(5)

부모님께서 피자 가게를 하셔서 나는 피자를 마음껏 먹는다.

나도 밖에 나가서 아이들하고 공도 차며 [시][ㅋ] 놀고 싶다.

(6)

쓰레기를 아무 데나 마구 버리면 안 된다.

친한 친구라고 해서 말을 [하][ㅂ][로] 하면 안 된다.

7 무슨 뜻일까요?

밑줄 친 낱말의 알맞은 뜻을 찾아 번호를 쓰세요.

(1) 농부들은 비가 오기를 <u>애타게</u> 기다렸다.　　　　　　　（　　）

　① 몹시 답답하고 안타까워 속이 끓게.

　② 아무 생각 없이 멍하게.

(2) 어머니는 밭을 <u>일구어</u> 고구마를 심으셨다.　　　　　　（　　）

　① 논밭을 만들려고 땅을 파서 뒤집어.

　② 논밭을 만들 땅을 사서.

(3) 효주는 할아버지의 허리를 <u>자근자근</u> 밟았다.　　　　　（　　）

　① 세게 누르거나 밟는 모양.

　② 가볍게 누르거나 밟는 모양.

(4) 너는 지원이가 외계인이라는 <u>터무니없는</u> 말을 믿니?　　（　　）

　① 엉뚱하고 전혀 근거가 없는.

　② 신기하고 이상한.

(5) 수령이는 창가에 앉아 <u>나직하게</u> 노래를 불렀다.　　　　（　　）

　① 소리가 꽤 크게.

　② 소리가 꽤 낮게.

(6) 말에는 우리 민족의 <u>얼</u>이 담겨 있다.　　　　　　　　（　　）

　① 얼굴.

　② 정신.

8 같은 소리, 다른 뜻

밑줄 친 곳에 공통으로 들어갈 낱말을 빈칸에 쓰세요.

(1)

| ㅅ |

① 홍철이는 _____ 이 나서 동생을 노려보았다.
  * 못마땅한 일을 겪었을 때 생기는 화난 감정.

② 임금은 적의 침입에 대비해 _____ 을 쌓도록 지시했다.
  * 적을 막으려고 흙이나 돌로 높이 쌓은 담.

(2)

| ㄷ | ㄹ |

① _____ 가 꽉 막혀 차들이 움직이지 못했다.
  * 사람, 자전거, 자동차 들이 다니는 길.

② 빌려 온 책을 다 읽지 못하고 _____ 갖다 주었다.
  * 본래대로 다시.

(3)

| 처 | ㅈ |

① 백두산 _____ 는 화산 폭발로 만들어진 호수다.
  * 백두산 꼭대기에 있는 호수.

② 경수의 방은 장난감 _____ 다.
  * 대단히 많음.

(4)

| 저 | ㅇ |

① 할아버지는 _____ 으로 돌아가서 살고 싶어 하신다.
  * 논밭이 있는 시골.

② 시후는 집에 오자마자 컴퓨터 _____ 을 켰다.
  * 전기 기구에 전기가 들어가게 하는 장치.

9 유관순

 유관순에 대한 설명입니다. 뜻풀이를 읽고, 빈칸에 들어갈 낱말을 쓰세요.

유관순은 1902년 충청남도 천안에서 태어났다. 아버지는 나라의 힘을 기르려면 서양 (1) ☐ 을 받아들이고 신학문을 배워야 한다고 말씀하셨다. 유관순은 아버지의 뜻에 따라, 1916년 이화학당에 (2) ☐ 했다. 그리고 방학 때면 고향에 내려와 마을 사람들에게 우리글을 가르쳤다.

1919년 3월 1일, 유관순은 독립 만세 운동에 동참했다. 그 후 고향으로 돌아와 독립 만세 운동을 계획했다. 태극기를 든 (3) ☐ 는 아우내 장터에 모여 한목소리로 독립 만세를 외쳤다. 유관순은 일본 헌병에게 붙잡혀 온갖 (4) ☐ 을 당한 뒤에 (5) ☐ 을 받고 감옥에 갇혔다.

1920년 9월 28일, 유관순은 꽃다운 열아홉 나이에 감옥에서 숨을 거두었다.

(1) 종교, 예술, 학문, 정치, 경제 등 문화에 관한 모든 것.

무	무

(2) 공부할 목적으로 학교에 들어가는 것.

이	ㅎ

(3) 남자와 여자, 늙은이와 젊은이라는 뜻으로, 모든 사람을 이르는 말.

나	ㄴ	ㄴ	소

(4) 어떤 사실을 알아내려고, 남을 몹시 아프게 괴롭히는 것.

ㄱ	무

(5) 법원에서 사건을 법률에 따라 판단하는 일.

ㅈ	파

10 바르게 쓰기

잘못 쓴 낱말에 밑줄을 긋고 바르게 고쳐 쓰세요.

(1) 사람들은 죽음을 무릎쓰고 독립 만세를 외쳤다.

_____

(2) 준영이는 밤세워 친구들과 얘기를 나눴다.

_____

(3) 우리 집은 웃음소리가 끈이지 않는다.

_____

(4) 현주는 사과를 깍아서 할머니께 드렸다.

_____

(5) 중아는 수영장에 다녀온 이튿날 감기에 걸렸다.

_____

(6) 아버지와 나는 세 시간 만에 산봉오리에 올랐다.

_____

(7) 무리하게 운동을 하면 건강을 헤칠 수도 있다.

_____

11 띄어쓰기

 괄호 안의 띄어쓰기 횟수를 참고하여, 띄어야 할 부분에 ∨ 표를 하세요.

(1) 아래층에는방이모두세칸이다. (4)

(2) 주하는아침을먹자마자학교로달려갔다. (4)

(3) 집에돌아오면몸은말할수없이피곤했다. (6)

(4) 공부만할것이아니라운동도해야한다. (6)

(5) 엄마가시키는대로다하려면내가둘은있어야해. (8)

(6) 어린소녀로서는생각할수없을만큼놀라운지혜와용기였다. (8)

(7) 새벽부터장터에모여든사람들은여느때보다몇곱절이나되었다. (8)

제 3 과 글을 요약해요

1 물고기

물고기와 관계있는 낱말입니다. 그림과 뜻을 보고 빈칸에 알맞은 낱말을 쓰세요.

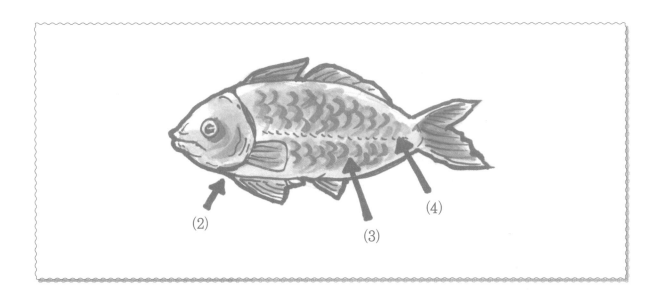

(2)
(3)
(4)

(1) 어류는 물속에서 숨을 쉬며 사는 | 척 | 추 | 동 | 물 |이다.

* 몸이 머리, 몸통, 꼬리 등으로 구분되며, 등 쪽에 뼈가 길게 이어져 있는 동물.

(2) 어류가 물속에서 호흡하는 기관. | 아 | 가 | 미 |

(3) 어류나 뱀의 피부를 덮고 있는 얇고 단단한 조각. | 비 | 늘 |

(4) 어류의 몸 양옆에 한 줄로 나란히 뻗은 줄. | 옆 | 줄 |

2 병원

병원에서 벌어진 일입니다. 빈칸에 알맞은 낱말을 쓰세요.

(1) 아이가 팔에 헝겊 을 두르고 어머니와 응급실에 들어왔다.

   * 천 조각.

(2) 다친 부위가 가염 될 수도 있는 상황이었다.

   * 병균이 동물이나 식물의 몸 안에 들어가 병을 옮기는 일.

(3) 아파서 그런지 아이는 작은 자극에도 미감하게 반응했다.

   * 자극에 빠르게 반응을 보이거나 영향을 많이 받게.

(4) 상처에 다른 병균이 들어가지 않도록 처격 에 힘을 써야 했다.

   * 맑고 깨끗함.

(5) 청소를 하는 등 집 안의 ㅇ생 상태를 좋게 해야 한다.

   * 건강에 해로운 것들을 없애고, 건강을 보호하는 일.

(6) 약 는 아침저녁으로 약을 잘 챙겨 먹으라고 했다.

   * 약을 지어 주는 사람.

3 전쟁

 전쟁과 관계있는 낱말입니다. 빈칸에 알맞은 낱말을 쓰세요.

(1) 대포 소리와 함께 [저][투] 가 시작되었다.

* 전쟁에서 이기려고 적과 맞서서 싸우는 것.

(2) 우리나라에서 [ㅎ][야] 을 처음 발명한 사람은 최무선이다.

* 열, 전기, 충격 등의 자극에 의해, 폭발하면서 높은 열과 많은 가스를 만드는 물질.

(3) 전쟁이 끝나자 사람들은 [ㅁ][ㄱ] 를 내려놓고 고향으로 떠났다.

* 싸움을 할 때, 적을 다치게 하거나 죽이기 위해 쓰는 도구.

(4) [군][보] 을 입은 삼촌이 무척 늠름해 보이셨다.

* 군인이 입는 옷.

(5) [전][자] 에서는 오늘도 수많은 사람이 쓰러지고 있다.

* 전쟁이 벌어지는 곳.

(6) 적이 [하][보] 하면서 전쟁이 끝났다.

* 싸움이나 전쟁에서 진 것을 상대에게 인정하는 것.

4 누구일까요?

낱말 뒤에 붙어서 '어떠한 사람'의 뜻을 나타내는 말이 있습니다. 다음 설명이 뜻하는 사람을 빈칸에 쓰세요.

(1) 어떤 사람을 보호할 책임이 있는 사람.

		자

* '사람'을 뜻하는 말.

(2) 다른 지방이나 다른 나라에 가서 구경하는 사람.

과	과	개

* '손님'이나 '사람'을 뜻하는 말.

(3) 환경, 식품 등의 위생을 책임지는 사람.

ㅇ	새	ㅅ

* '직업'이나 '어떤 일을 직업으로 일하는 사람'을 뜻하는 말.

(4) 예술을 표현하거나 예술 작품을 만들어 내는 사람.

		ㄱ

* '어떤 일을 전문으로 하는 사람'을 뜻하는 말.

(5) 법원에 속하여, 재판을 맡아 보는 공무원.

		과

* '나랏일을 맡아 하는 사람'을 뜻하는 말.

(6) 군대에서 일하는 사람.

		이

* '사람'을 뜻하는 말.

5 무슨 낱말일까요?

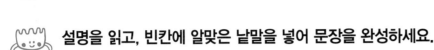 설명을 읽고, 빈칸에 알맞은 낱말을 넣어 문장을 완성하세요.

(1) 집 앞 슈퍼마켓은 설날과 추석 | 다 | 일 | 빼고는 항상 문을 연다.

　　＊ 바로 그날.

(2) 다음 달부터 학교에서 사물놀이를 | ㅁ | ㄹ | 로 가르쳐 준다.

　　＊ 요금이 없음. 🔴 공짜

(3) 경주 불국사 | 대 | 우 | 전 | 앞에는 멋진 탑 두 개가 서 있다.

　　＊ 절에서, 석가모니 불상(부처님 모습을 만들어 놓은 것)을 놓은 집채(집의 한 덩이).

(4) 이건 사람들이 화강암을 쪼아 만든 | ㅅ | 탑 | 이란다.

　　＊ 돌을 이용하여 만든 탑.　　＊ 화강암: 흰색이나 옅은 회색을 띤 단단한 돌.

(5) 우리나라 | 국 | | 1호는 숭례문(남대문)이다.

　　＊ 나라에서 법률로 정하여 보호하는 중요 문화재.

(6) 이 탑은 사각의 | 펴 | 며 | 받침 위에 돌을 쌓아 만들었다.

　　＊ 평평한 표면.

(7) 나무 위에 앉아 있던 원숭이가 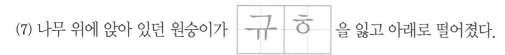 균 ㅎ 을 잃고 아래로 떨어졌다.

    * 어느 한쪽으로도 기울거나 치우치지 않은 상태.

(8) 정현이의 옷차림은 다른 사람들의 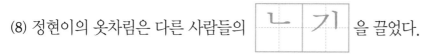 ㄴ 기 을 끌었다.

    * '눈이 가는 곳'이란 뜻으로, 주의나 관심을 비유적으로 이르는 말.

(9) 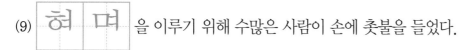 혀 며 을 이루기 위해 수많은 사람이 손에 촛불을 들었다.

    * 한 국가나 사회의 제도와 권력을 뒤엎어 새로운 제도와 권력을 만드는 일.

(10) 이 물건은 ㅇ 형 이 독특해서 사람들이 좋아한다.

    * 사물의 겉모양.

(11) 나는 미술관에서 ' 지 ㅈ 귀걸이를 한 소녀'를 보고 감동을 받았다.

    * 조개, 전복 등의 살 속에 생기는 딱딱한 덩어리. 아름다운 빛깔이 나서 보석으로 쓰인다.

(12) 이곳에는 동물 서 저 이 참 많다.

    * 책.

(13) 이 글은 다섯 ㅁ 다 으로 이루어져 있다.

    * 긴 글을 나눌 때, 하나하나의 짧은 이야기 토막.

6 탑

 다음은 세계의 유명한 탑입니다. 그림과 설명을 보고 알맞은 탑 이름을 찾아 쓰세요.

(1)

이탈리아 피사 대성당에 있는, 기울어진 탑.

(2)

경주 불국사에 있는 두 탑 가운데 동쪽에 있는 탑.

(3)

중국에서, 방송 전파를 보내기 위해 만든 탑.

(4)

약 320m 높이로 세워진 프랑스의 철탑.

(5)

미국 대통령 워싱턴을 기억하려고 만든 흰색 탑.

(6)

석가모니의 치아, 머리털 등을 담은, 불국사에 있는 두 탑 가운데 서쪽에 있는 탑.

보기   워싱턴 기념탑   동방명주탑   석가탑

피사의 사탑   에펠탑   다보탑

7 설명 방법

설명에 알맞은 설명 방법을 찾아 쓰고, 어떤 설명 방법으로 쓰인 문장인지 적으세요.

(1) 여러 가지 예나 사실을 낱낱이 늘어놓는 설명 방법. _____

(2) 둘 이상의 대상에서 서로 다른 점을 찾아 나타내는 설명 방법. _____

(3) 둘 이상의 대상에서 서로 비슷한 점을 찾아 나타내는 설명 방법. _____

(4) 어떤 대상의 겉모습을 말로 자세히 나타내는 설명 방법. _____

보기   비교   대조   열거   묘사

(5) 감자는 어른 주먹 정도의 크기에 연한 갈색 껍질이 있다.

(6) 감자와 고구마는 모두 땅에서 캐 먹는다.

(7) 채소에는 배추, 양파, 감자, 고구마 등이 있다.

(8) 감자는 줄기를 먹지만 고구마는 주로 뿌리를 먹는다.

8 낱말 뜻풀이

🐱 빈칸에 알맞은 말을 넣어서 밑줄 친 낱말의 뜻을 풀이하세요.

(1) 씨앗을 <u>미지근한</u> 물에 담가 두었다.

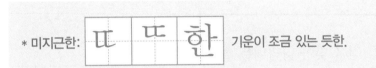

* 미지근한: [따] [뜨] [한] 기운이 조금 있는 듯한.

(2) 어머니는 쌀을 <u>불린</u> 뒤에 밥을 지으셨다.

* 불린: [ㅁ] 에 담가 부피를 크게 한.

(3) 학교 앞 <u>상설</u> 전시장에서 우리 반 친구들의 그림을 전시하기로 했다.

* 상설: [언] [ㅈ] [드] [지] 이용할 수 있도록 준비해 둔 것.

(4) <u>중심축</u>이 기울어지자 팽이가 곧 쓰러져 버렸다.

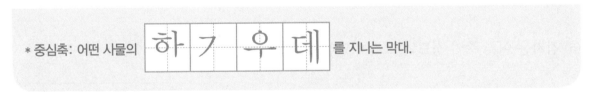

* 중심축: 어떤 사물의 [하] [ㄱ] [우] [데] 를 지나는 막대.

(5) 옛날에는 <u>신분</u>에 따라 입을 수 있는 옷 색깔이 정해져 있었다.

* 신분: 개인의 사회적 위치나 [계] [ㄱ] .

(6) 같은 잘못을 <u>되풀이하면</u> 용서할 수 없다.

* 되풀이하면: 같은 일을 자꾸 [ㄷ] [ㅅ] 하면.

9 비슷한말, 반대말

밑줄 친 낱말의 비슷한말이나 반대말을 빈칸에 쓰세요.

(1)
물기가 있던 곳에 곰팡이가 생겼다.

공기에 **비** 스분 이 적당히 있어야 동물이 살 수 있다.

(2)
다보탑과 석가탑은 차이점이 많다.

하지만 둘 다 돌로 만든 탑이라는 **반** 고토점 도 있다.

(3)
인종이 다르다고 차별하는 것은 매우 나쁜 짓이다.

누구에게도 기회는 **반** 퍼드 하게 주어야 한다.

(4)
군인들은 적군의 눈에 띄지 않기 위해 군복을 입는다.

우리 편 군대를 ' **반** ㅇ군 ' 또 '우군'이라고 한다.

(5)
동물은 숨을 쉴 때, 이산화탄소를 몸 밖으로 배출한다.

그리고 산소를 **반** 흐수 한다.

(6)
우리는 텔레비전으로 신호를 수신하여 방송을 본다.

방송국은 재미있는 프로그램을 만들어 신호를 **반** 소신 한다.

10 바르게 읽기

우리말은 자음끼리 영향을 주고받아 글자와 다르게 소리 나기도 합니다.

1. 앞소리의 받침이 뒤따라 오는 자음에 영향을 줍니다.

    중력[중녁]

2. 뒷말의 자음이 앞소리 받침에 영향을 줍니다.

    국물[궁물]

3. 앞소리의 받침과 뒤따라 오는 자음이 서로 영향을 주고받습니다.

    백로[뱅노]

다음 낱말들을 빈칸에 소리 나는 대로 쓰세요.

(1) 국립 [   ] (2) 박물관 [   ]

(3) 공룡 [   ] (4) 신라 [   ]

(5) 건축물 [   ] (6) 설날 [   ]

(7) 식물 [   ] (8) 바닷물 [   ]

제 4 과 글쓰기의 과정

1 문장 성분

문장을 구성하는 요소를 '문장 성분'이라고 합니다. 문장 성분에는 주어, 서술어, 목적어 등이 있습니다.

주어 : 설명하는 행위의 주체가 되는 말. '누가 / 무엇이'에 해당하는 부분.
예) 나비가 날아간다.　　동생이 노래한다.

서술어 : 주어의 대상, 움직임, 상태 등을 풀이해 주는 말.
'① 무엇이다 / ② 어찌하다 / ③ 어떠하다'에 해당하는 부분.
예) ① 토끼는 동물이다.　② 토끼가 뛰어간다.　③ 토끼가 귀엽다.

* 주체: 서술어의 동작을 하는 대상. 또는 서술어의 상태를 나타내는 대상.

다음 문장을 주어와 서술어로 나누세요.

(1) 아기가 웃는다.

　　① 주어　　　　　　　　　　② 서술어
　　_____　　　_____

(2) 꽃이 피었다.

　　① 주어　　　　　　　　　　② 서술어
　　_____　　　_____

(3) 누나는 중학생이다.

　　① 주어　　　　　　　　　　② 서술어
　　_____　　　_____

> 목적어 : 서술어의 동작 대상이 되는 말.
> '무엇을', '누구를'에 해당하는 부분입니다.
> 예) 성호가 신발을 신는다.
>   혜주가 다연이를 부른다.

다음 문장을 주어, 목적어, 서술어로 나누어 쓰세요.

(4) 할아버지께서 신문을 보신다.

   ① 주어   ② 목적어   ③ 서술어

   _____   _____   _____

(5) 정태가 공을 던진다.

   ① 주어   ② 목적어   ③ 서술어

   _____   _____   _____

2 문장 성분 간의 호응

> 문장 안에서 앞에 나오는 말과 뒤에 나오는 말이 알맞게 어울리도록 쓰는 것을 '호응'
> 이라고 합니다.
>
>   1. 시간을 나타내는 말과 서술어의 호응.
>
>   예) 나는 어제 도서관에 갔다.

시간을 나타내는 말		서술어
과거(어제, 작년)	→	갔다, 먹었다
현재(지금, 올해)	→	간다, 먹는다
미래(내일, 내년)	→	갈 것이다, 먹을 것이다

🐱 **밑줄 친 낱말과 어울리는 문장이 되도록 괄호 안의 부분을 고쳐 쓰세요.**

(1) 나는 <u>지금</u> 영화를 (보다). ⇨ _____

(2) 희수는 <u>어제</u> 빵을 (먹다). ⇨ _____

(3) 종우는 <u>내일</u> 도서관에 (가다). ⇨ _____

> 2. 높임의 대상을 나타내는 말과 서술어의 호응.
>
> 예) <u>어머니께서</u> 요리를 <u>하신다</u>.   <u>선생님께서</u> 연필을 <u>주셨다</u>.

🐱 **자연스러운 문장이 되도록 밑줄 친 부분을 고쳐 쓰세요.**

(4) 진영이는 아버지께 생신 선물을 <u>주었다</u>. ⇨ _____

(5) 할아버지께서 낮잠을 <u>잔다</u>. ⇨ _____

(6) 할머니께서 우리 집에 <u>왔다</u>. ⇨ _____

> 3. 동작을 당하는 주어와 서술어의 호응.
>
> 예) <u>아기가</u> 어머니에게 <u>업혔다</u>.   <u>도둑이</u> 경찰에게 <u>잡혔다</u>.

🐱 **자연스러운 문장이 되도록 밑줄 친 부분을 고쳐 쓰세요.**

(7) 동생이 어머니에게 <u>안았다</u>. ⇨ _____

(8) 토끼가 사자에게 <u>먹었다</u>. ⇨ _____

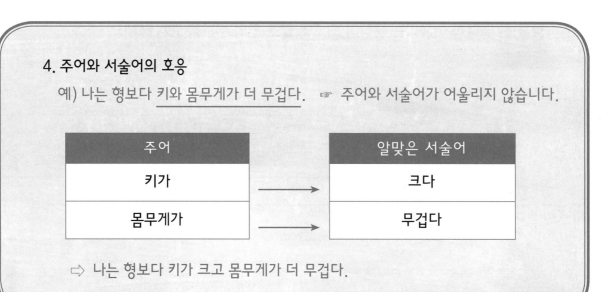

4. 주어와 서술어의 호응

예) 나는 형보다 <u>키와 몸무게</u>가 더 무겁다.　☞ 주어와 서술어가 어울리지 않습니다.

주어		알맞은 서술어
키가	→	크다
몸무게가	→	무겁다

⇨ 나는 형보다 키가 크고 몸무게가 더 무겁다.

주어와 서술어가 어울리는 문장이 되도록 빈칸에 알맞은 낱말을 쓰세요.

(9) 숲속에서 새와 토끼가 뛰어다닌다.

⇨ 숲 속에서 새가 ┌지┐┌ㅈ┐┌ㄱ┐┌고┐ , 토끼가 뛰어다닌다.

* 새가 자꾸 소리를 내어 울고.

(10) 오늘은 아침부터 비와 바람이 분다.

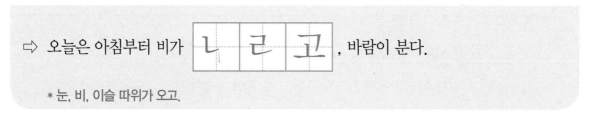

⇨ 오늘은 아침부터 비가 ┌ㄴ┐┌ㄹ┐┌고┐ , 바람이 분다.

* 눈, 비, 이슬 따위가 오고.

(11) 수연이는 글씨와 그림을 잘 그린다.

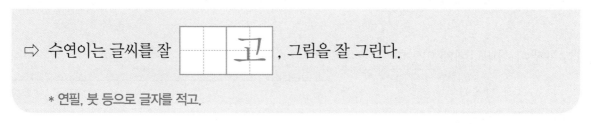

⇨ 수연이는 글씨를 잘 ┌　┐┌고┐ , 그림을 잘 그린다.

* 연필, 붓 등으로 글자를 적고.

3 '개–'와 '–개'

개—	어떤 낱말 앞에 붙어 '나쁜', '질이 낮은'이라는 뜻을 더하는 말.
	예) 개꿈, 개살구, 개떡
—개	어떤 낱말 뒤에 붙어, '간단한 도구'의 뜻을 더하는 말.
	예) 깔개, 베개, 뒤집개, 지우개

설명을 읽고, 빈칸에 '개–'또는 '–개'가 들어가는 낱말을 위에서 찾아 쓰세요.

(1) 수진아, [   ] 로 부침개 좀 뒤집어 놓거라.

  * 프라이팬에 요리할 때 음식을 뒤집는 기구.

(2) 민정이는 [   ] 가 없으면 잠을 못 잔다.

  * 눕거나 잘 때 머리 밑에 베는 물건.

(3) 곰과 싸워 이기는 꿈을 꾸었는데 [   ] 이겠지?

  * 별 뜻 없이 어수선한 꿈.

(4) 우리는 흙바닥에 [   ] 를 깔고 앉았다.

  * 바닥에 깔고 앉거나 눕거나 하는 물건.

(5) 빛 좋은 [   ] 라더니, 겉만 제대로지 속은 다 썩었다.

  * 개살구나무의 열매. 못난 사람이나 사물 또는 언짢은 일을 비유적으로 이르는 말.

4 무슨 낱말일까요?

빈칸에 알맞은 낱말을 넣어 문장을 완성하세요.

(1) '나는 밥을 먹는다.'라는 ┌─┬─┐ 에는 주어, 목적어, 서술어가 모두 들어 있다.

    * 생각을 말로 표현할 때 하나의 정리된 뜻을 나타내는 말의 단위.

(2) 다혜는 ┌─┬─┬─┐ 을 멈추려고 숨을 참아 보았다.

    * 배와 가슴 사이에 있는 가로막이 떨리면서, 숨이 방해를 받아 소리를 내는 것.

(3) 동생은 반찬 ┌─┬─┐ 을 하다가 아버지께 꾸중을 들었다.

    * 못마땅하여 떼를 쓰면서 조르는 일.

(4) 음식을 ┌─┬─┬─┐ 먹어야 몸이 튼튼해진다.

    * 여럿이 다 차이 없이 고르게.

(5) 내가 좋아하는 반찬은 ┌─┬─┬─┬─┐ 다.

    * 달걀을 부쳐서 돌돌 말아 놓은 음식.

(6) 어머니께 떡볶이를 맛있게 만드는 ┌─┬─┐ 을 배웠다.

    * 남에게 알려지지 않은 특별한 방법.

(7) 책을  읽으려니 집중이 되지 않는다.

　　* 하고 싶은 마음 없이 강제로.

(8) ｜ㅅ｜ㅊ｜ 은 오늘 결혼을 하신다.

　　* 아버지의 형제 중, 결혼하지 않은 남자 형제를 부르는 말.

(9) 너무 짜지 않게 소금은 ｜ㅈ｜ㄷ｜ㅑ｜ 만 넣었다.

　　* 알맞은 양.

(10) 정우는 볶음밥을 하려고 프라이팬에 ｜ㅅ｜ㅇ｜ㅠ｜ 를 둘렀다.

　　* 음식을 만드는 데 사용하는 기름.

(11) 미림이는 책 50권 읽기에 ｜ㄷ｜ㅈ｜ 했다.

　　* 어려운 일을 이루거나 기록을 넘어서는 일 등에 나서는 것.

(12) 우리 학교에는 한 학년에 일곱 ｜하｜ㄱ｜ 씩 있다.

　　* 한 교실에서 함께 공부하는 학생들의 집단.

(13) 사람이나 사물의 ｜ㄷ｜ㅈ｜ 을 나타내는 말을 '동사'라고 한다.

　　* 몸을 움직이는 것.

5 단위를 나타내는 말

빈칸에 단위를 나타내는 말을 알맞게 찾아 쓰세요.

(1) 예슬아, 콩 한 [   ] 만 가져다 주렴.

     * 주먹의 준말. 한 손에 쥘 만한 분량을 세는 단위.

(2) 준하는 한꺼번에 사탕 일곱 [   ] 을 입에 넣었다.

     * 작고 둥근 모양의 물건을 세는 단위.

(3) 아버지는 어머니께 안개꽃 한 [   ] 을 안겨 드렸다.

     * 꽃, 채소, 돈 따위의 묶음을 세는 단위.

(4) 어머니께서 두부 한 [   ] 와 파 한 단을 사셨다.

     * 두부, 묵 따위를 세는 단위.

(5) 미영이네 집 거실에는 그림 두 [   ] 이 걸려 있다.

     * 그림, 옷 따위를 세는 단위.

(6) 은수는 밥 한 [   ] 남기지 않고 다 먹었다.

     * 밤이나 곡식의 낱알을 세는 단위.

보기   알   점   다발   줌   톨   모

6 요리를 해요

요리를 할 때 사용하는 낱말입니다. 알맞은 낱말을 찾아 쓰세요.

(1) 떡을 ☐ .

  * 뜨거운 김(수증기)으로 익히다.

(2) 국수를 ☐ .

  * 물에 넣고 끓이다.

(3) 마늘을 ☐ .

  * 칼로 썰어 잘게 만들다.

(4) 찌개를 ☐ .

  * 국물이 거의 없어질 정도로 끓이다.

(5) 죽을 ☐ .

  * 곡식이나 가루를 물에 끓여 익히다.

(6) 콩나물을 ☐ .

  * 양념을 넣고 골고루 섞다.

보기   쑤다   다지다   찌다   무치다   삶다   졸이다

7 무슨 뜻일까요?

밑줄 친 말의 알맞은 뜻을 찾아 번호를 쓰세요.

(1) 윤진이가 전학을 간다고 해서 무척 섭섭했다.　　　　　　　（　　）

　　① 답답하고 걱정되었다.

　　② 서운하고 아쉬웠다.

(2) 주어와 서술어가 호응하지 않으면 문장이 어색해진다.　　　（　　）

　　① 자연스럽지 않게 된다.

　　② 재미없고 지루해진다.

(3) 맨손으로 눈사람을 만들었더니 손이 시렸다.　　　　　　　（　　）

　　① 차가운 것에 닿아 춥고 얼얼했다.

　　② 심하게 저리고 아팠다.

(4) 동생은 심부름을 마치고 올 때까지 툴툴거렸다.　　　　　（　　）

　　① 작은 목소리로 계속 이야기했다.

　　② 못마땅하여 불평 섞인 말투로 중얼거렸다.

(5) 수현이는 운동장을 가로질러 잽싸게 뛰어갔다.　　　　　（　　）

　　① 무척 여유롭게.

　　② 매우 빠르게.

(6) 선생님께 '일찍 일어나는 새가 벌레를 잡는다'의 뜻을 여쭤보았다.　（　　）

　　① 부지런한 사람이 이득을 보거나 기회를 잡는다는 뜻.

　　② 부지런한 사람이 일을 많이 한다는 뜻.

제 **5** 과 글쓴이의 주장

1 병

 '병'과 관계있는 낱말입니다. 빈칸에 알맞은 낱말을 쓰세요.

(1) 어머니는 커피를 즐기시다가 이제는 $\boxed{주\ 도}$ 이 되셨다.

* 무엇을 계속 지나치게 먹거나 즐겨, 그것 없이는 견디지 못하는 상태.

(2) 시끄러운 공장에서 일하시던 아버지는 요즘 $\boxed{난\ 청}$ 으로 고생을 하신다.

* 듣는 능력이 떨어지거나 없어진 상태.

(3) 컴퓨터를 많이 사용하는 사람들이 시각 $\boxed{장\ 애}$ 를 안고 살기도 한다.

* 신체 기관이 제대로 기능하지 못하는 상태.

(4) 목을 앞으로 빼고 책을 보면 거북목 $\boxed{증\ 후\ 군}$ 이 생길 수 있다.

* 몇 가지 증세가 나타나지만, 그 원인이 확실하지 않거나 둘 이상인 증상.

(5) 이 병을 제때 치료하지 않으면 $\boxed{사\ 망}$ 에 이를 수도 있다.

* 사람의 죽음.

2 글쓰기 규칙

글을 쓸 때에는 꼭 지켜야 할 규칙이 몇 가지 있습니다. 빈칸에 알맞은 낱말을 쓰세요.

(1) 남의 글을 | 표 | 조 | 하는 것은 불법이다.

　　* 남의 작품 일부를 자신의 글에 몰래 가져다 쓰는 것.

(2) 글에 | | 위 | 내용을 실어서는 안 된다.

　　* 진실이 아닌 것을 진실인 것처럼 꾸민 것.

(3) 남의 글을 | 이 | 요 | 할 때에는 반드시 허락을 받아야 한다.

　　* 남의 말이나 글을 자신의 말이나 글 속에 끌어다 쓰는 것.

(4) 남의 글을 쓰고 싶으면 반드시 | 추 | 처 | 를 밝혀야 한다.

　　* 사물이나 말이 생기거나 나온 데. 여기서는 원래 그 글이 있던 곳.

(5) 자신의 작품이 소중한 만큼 남의 | 차 | | 물 | 도 존중해야 한다.

　　* 새롭게 지어낸 예술 작품.

(6) 다른 사람의 | 저 | | 권 | 을 지켜 주어야 자신의 권리도 주장할 수 있다.

　　* 예술 작품을 처음 만들거나 지은 사람이 가지는 권리.

3 논설문

논설문과 관계있는 내용입니다. 빈칸에 알맞은 낱말을 쓰세요.

(1) 자신의 생각이나 [ㅈ][ㅈ]을 쓴 글을 논설문이라고 한다.

* 자기가 굳게 내세우는 의견.

(2) 논설문에는 [ㄱ][ㄱ]가 명확하게 드러나야 한다.

* 의견에 대한 까닭.

(3) 의견을 [뒷][ㅂ][ㅊ]하는 내용이 없으면 상대를 설득하기 어렵다.

* 뒤에서 도와주는 것. 이 문장에서는 의견이 옳다고 인정받도록 돕는다는 뜻으로 쓰임.

(4) 자신의 의견에 도움이 되는 예를 [제][ㅅ]하면 상대가 이해하기 쉽다.

* 무엇을 나타내어 보이는 것.

(5) 자신의 의견에 반대하는 사람을 [ㅁ][ㅅ]해서는 안 된다.

* 사람을 깔보거나 낮추어 보는 것.

(6) 읽을 사람을 [ㄱ][려]하여 써야 한다.

* 생각하고 짐작해 보는 것.

4 동형어와 다의어

사전에서 '다리'의 뜻을 찾아 보았습니다. 다음과 같이 풀이되어 있습니다.

다리[1]
① 사람이나 동물의 몸통 아래 붙어 있는 신체 부분.
② 물체의 아래쪽에 붙어서 그 물체를 받치는 부분.

다리[2]
① 물을 건너거나 한곳에서 다른 편으로 건널 수 있게 만든 시설물.
② 둘 사이의 관계를 이어 주는 사람을 비유적으로 이르는 말.

모양은 같지만 서로 뜻이 전혀 다른 낱말을 '동형어'라고 합니다. 즉 다리[1]과 다리[2]는 동형어입니다.

비슷한 뜻을 두 개 이상 가진 낱말을 '다의어'라고 합니다. 다리[1]과 다리[2]는 각각 비슷한 뜻을 두 개씩 가졌기 때문에 모두 다의어입니다.

밑줄 친 두 낱말의 관계가 동형어면 '동', 다의어면 '다'라고 빈칸에 쓰세요.

(1)
① 택시 기사 아저씨께서 무척 친절하시다.

② 우리 동네 도서관이 신문 기사로 실렸다.

(2)
① 고기를 구우려고 아버지께서 숯에 불을 붙이셨다.

② 하늘이 갑자기 흐려져서 방에 불을 켰다.

(3)

ㅂ

① 삼촌은 며칠째 쉬지 않고 일만 하시다가 (　　　)이 나셨다.

　　＊ 생물의 몸이나 정신에 이상이 생겨 고통을 느끼는 현상.

② 동생은 목이 말랐는지 (　　　)을 꺼내어 물을 벌컥벌컥 마셨다.

　　＊ 액체나 가루를 담는 데에 쓰는 그릇.

(4)

ㅂ

① 아버지는 (　　　)를 타고 나가 낚시를 하셨다.

　　＊ 사람이나 짐을 싣고 물 위를 떠다니도록 만든 물건.

② 밥을 급하게 먹었더니 (　　　)가 아프다.

　　＊ 사람이나 동물의 몸에서 내장이 들어 있는 곳.

다음은 다의어입니다. 괄호 안에 공통으로 들어갈 낱말을 빈칸에 쓰세요.

(5)

ㅅ

① 그 일에는 (　　　)이 너무 많이 간다.

　　＊ 어떤 일을 하는 데에 드는 사람의 힘이나 노력, 기술.

② 아이들은 두 (　　　)으로 선물을 받았다.

　　＊ 사람의 손목 끝에 달린 부분.

(6)

ㅁ

① 가는 (　　　)이 고와야 오는 (　　　)이 곱다.

　　＊ 생각이나 느낌을 전달하는 표현 수단.

② 요즘 현주에 대한 (　　　)이 친구들 사이에 퍼지고 있다.

　　＊ 소문.

5 무슨 낱말일까요?

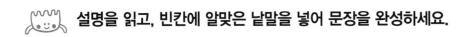 설명을 읽고, 빈칸에 알맞은 낱말을 넣어 문장을 완성하세요.

(1) 할머니는 연세가 많으시지만 아직 보행 에는 문제가 없으시다.

    * 걸어 다니는 것.

(2) 우리나라는 인구 분포 가 고르지 않다.

    * 일정한 범위에 흩어져 있음.

(3) 교문을 중심으로 반지름 300미터까지는 어린이 보호 구역이다.

    * 원의 중심에서 그 원의 둘레에 이르는 길이.

(4) 인도에 차가 올라오지 못하게 턱 을 만들어 놓았다.

    * 평평한 곳에서 어느 한 부분이 갑자기 조금 높게 된 자리.

(5) 지진이 일어나는 바람에 이 비극 이 생겼다.

    * 인생에서 슬프고 불행한 일.

(6) 현대에는 돈을 얼마나 가지고 있느냐가 지배력 을 결정한다.

    * 어떤 사람이나 집단이 다른 사람이나 집단을 다스리는 힘.

(7) 축제 때문에 이 도로는 내일까지 토 ㅈ 된다.

  * 어떤 목적에 따라 어떤 행동을 못하게 막는 것.

(8) 사람이 쓰레기를 마구 버리는 행동은 스스로에게 ㄷ 을 놓는 일이다.

  * 짐승을 꾀어 잡는 기구. 이 문장에서는 '남이 잘못되도록 만든 함정'이라는 뜻으로 쓰였다.

(9) 남의 글을 함부로 베껴 쓰면 ㅊ ㅂ 을 받을 수 있다.

  * 죄나 잘못이 있는 사람에게 주는 벌.

(10) 연구 결과를 ㅈ ㅈ 하는 것은 무척 나쁜 일이다.

  * 어떤 일을 사실인 듯이 꾸며 만드는 것.

(11) 나는 ㅇ ㄱ 지능의 위험을 걱정하고 있다.

  * 사람의 힘으로 만든 것.

(12) 마을을 깨끗하게 하는 데에 ㄱ ㅇ 하셨다며 우리 할아버지께 상을 주셨다.

  * 돕는 것.

(13) 국회의원은 법을 만들기 위해 ㅂ ㅇ 을 ㅈ 출 한다.

  * 법으로 만들기 위해 만든 기초적인 안건.   * 문서나 의견을 내는 일.

6 비슷한말, 반대말

밑줄 친 낱말의 비슷한말이나 반대말을 빈칸에 쓰세요.

(1)
어른들은 사람에게 <u>해로운</u> 담배를 왜 피우는지 모르겠다.

아버지는 건강에 【반】 ㅇ ㄹ ㅇ 음식을 찾아 드신다.

(2)
사람을 태우고 날아가는 우주선을 '<u>유인</u> 우주선'이라고 한다.

기술이 발달하면서 【반】 ㅁ 인 자동차가 도로를 달리고 있다.

(3)
형준이는 <u>예절</u> 교육을 잘 받아서 행동이 바르다.

사람들이 모인 자리에서는 【비】 예 ㅇ 를 잘 지켜야 한다.

(4)
<u>도덕</u>은 사람이 양심에 비추어 지켜야 할 행동의 기준이다.

누나는 【비】 유 리 에 어긋나는 행동을 해서 비난을 받았다.

(5)
현진이의 말은 <u>믿음</u>이 간다.

계속 거짓말을 해서 너에게는 【비】 시 ㄹ 가 깨져 버렸다.

(6)
사회에는 개인이 꼭 지켜야 할 <u>규칙</u>이 있다.

남에게 피해를 주지 않으려면 정해진 【비】 규 ㅂ 을 잘 따라야 한다.

7 무슨 뜻일까요?

밑줄 친 말의 알맞은 뜻을 찾아 번호를 쓰세요.

(1) 초등학생들은 바깥 활동이 <u>잦다</u>.　　　　　　　(　)

   ① 자주 있다.

   ② 횟수가 많지 않다.

(2) <u>조급하게</u> 행동하면 사고가 일어날 수 있다.　　　(　)

   ① 서두르지 않고 여유 있게.

   ② 참을성이 없이 몹시 급하게.

(3) 우리나라는 1948년에 처음 여성에게 투표할 수 있는 권리를 <u>부여했다</u>.　(　)

   ① 남의 재산이나 권리, 자격 등을 빼앗았다.

   ② 다른 사람에게 무엇을 지니도록 주었다.

(4) 남을 괴롭히면 벌을 받을 수 있다는 점을 <u>유념해라</u>.　(　)

   ① 잊거나 소홀히 하지 않도록 마음속 깊이 간직하고 생각해라.

   ② 다른 사람들이 알 수 있도록 널리 알려라.

(5) 사람을 뒤에서 <u>헐뜯어서는</u> 안 된다.　　　　　　(　)

   ① 다른 사람에게 해를 끼치려고 흠을 들추어내어 말해서는.

   ② 다른 사람을 깨물거나 쥐어뜯어서는.

(6) 때로는 운동 경기가 애국심을 <u>북돋워</u> 주기도 한다.　(　)

   ① 없애거나 떨어뜨려.

   ② 어떤 기운이나 정신을 높여 주어.

8 외래어와 외국어

 다음 문장과 뜻을 보고, 빈칸에 알맞은 외래어나 외국어를 쓰세요.

(1) 나는 학교 누리집에서 자료를 ㄷ ㅜ ㄷ 했다.

    * 컴퓨터 통신망을 통하여 파일이나 자료를 받는 것.

(2) 재민이의 꿈은 웹 ㅌ 작가이다.

    * 인터넷을 통해 연재하고 배포하는 만화.

(3) ㅋ ㄹ 가 나오는 영화는 너무 끔찍하다.

    * 돈을 받고 사람을 죽이는 사람.

(4) 동생은 ㄹ ㅂ 이 나오는 만화를 무척 좋아한다.

    * 인간과 비슷한 모습으로 걷고 말하는 기계 장치.

(5) 강남에는 높고 화려한 ㅂ ㄷ 이 참 많다.

    * 안이 여러 칸으로 나뉘어 있는 고층 건물.

(6) 높은 건물에 올라가 ㅇ ㅌ 를 칠하는 아저씨들이 대단해 보인다.

    * 물체에 바르면 굳어져서 고운 빛깔을 내고 물체를 보호하는 물감.

9 십자말풀이

낱말 뜻풀이를 읽고, 괄호 안에 들어갈 낱말을 빈칸에 넣어 십자말풀이를 완성하세요.

(1)

② 다
① → □
ㄱ

① 자동차 등이 너무 빨리 달리는 것.

② 규칙이나 법, 명령 등을 어기지 않게 행동을 제한하는 것.

① 자동차는 절대 학교 앞에서 (   )해서는 안된다.

② 요즘 경찰들이 학교 앞 불량 식품을 (   )하고 있다.

(2)

② 저
① → □
ㅇ

① 법, 명령, 약속 등을 지키지 않고 어기는 것.

② 하나를 똑같이 나눈 한쪽.

① 아주머니께서 신호를 (   )하고 길을 건너셨다.

② 떡 하나를 나누어 (   )은 내가 먹고 나머지는 윤주에게 주었다.

(3)

② 바
① → □
여

① 기대했던 것과는 반대가 되는 효과.

② 그날 하루의 정해진 교육이 끝나는 것.

① 몸에 좋은 약도 너무 많이 먹으면 (   )가 생긴다.

② 현정이와 나는 (   ) 후에 떡볶이를 사 먹었다.

10 띄어쓰기

 괄호 안의 띄어쓰기 횟수만큼 띄어야 할 부분에 ∨ 표 하세요.

(1) 정민이와수현이는고생을함께한친구다.(4)

(2) 그중수현이는나의가장친한친구다.(5)

(3) 연주는어려운문제도단번에알아맞히는척척박사다.(5)

(4) 점심밥을먹는데갑자기창밖에서이상한소리가들렸다.(6)

(5) 이책을다읽는데에일주일이나걸렸다.(6)

(6) 지난해봄에우리식구는강원도로여행을다녀왔다.(6)

(7) 동생은바닥에장난감과색연필을늘어놓은채놀고있었다.(7)

제 **6** 과   토의하여 해결해요

1 토의와 토론

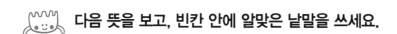 다음 뜻을 보고, 빈칸 안에 알맞은 낱말을 쓰세요.

> 토의 : 어떤 문제에 대해 서로 의견을 나누는 것.
>
> 토론 : 서로 의견이 반대인 문제를 놓고 여럿이 모여 따지고 의논하는 것.

(1) 우리는 합창 대회 출전 여부에 대해 ⬜⬜ 했다.

  * 여부: 그런지 안 그런지. 이 문장에서는 '출전할 것인지 아닌지'의 뜻으로 쓰임.

(2) 우리는 합창 대회에서 어떤 노래를 부를지 ⬜⬜ 했다.

> 설득 : 자기 뜻에 따르도록 말로 타이르는 것.
>
> 설명 : 어떤 것을 남이 잘 알아듣도록 말하는 것.

(3) 준영이는 용돈을 올려 받기 위해 부모님을 ⬜⬜ 했다.

(4) 준영이는 용돈이 더 필요한 이유를 부모님께 ⬜⬜ 했다.

2 학교

 **학교와 관계있는 내용입니다. 빈칸에 알맞은 낱말을 쓰세요.**

(1) 우리 학교는 50년의 | 여 | 사 | 를 가진 교육 기관이다.

* 처음 생겨나서 오늘에 이르기까지 겪어 온 과정.

(2) 소나무는 우리 학교를 | 사 | 지 | 하는 나무다.

* 생각이나 느낌을 눈에 보이는 것으로 나타낸 것.

(3) | 저 | ㄱ | 새 | 이 백 명밖에 안 돼 모두 친하게 지낸다.

* 한 학교의 전체 학생.

(4) | 하 | 사 | ㅎ | 에서는 한 달에 한 번 생일잔치를 연다.

* 학생이 주체가 되어 어떤 일을 의논하고 실행하는 모임.

(5) 학생과 | ㄱ | 사 | 가 한마음이 되어 생일을 맞은 아이들을 축하해 준다.

* 학교에서 학생을 가르치는 사람.

(6) 내일은 우리 학교의 | ㄱ | 교 | ㄱ | 녀 | 일 | 이다.

* 학교를 세운 것을 기념하는 날.

3 스쿨 존

스쿨 존에 대한 설명입니다. 빈칸에 들어갈 낱말을 쓰세요.

스쿨 존은 초등학교나 유치원 주변에 설치한 '어린이 보호 (1) [＿＿＿]'이다. 어린이들을 (2) [＿＿＿] 의 위험에서 보호하기 위해 마련했다. 이를 위해 학교 정문에서 300미터 이내의 통학로에 교통 (3) [＿＿＿] 과 과속 방지 턱 등을 설치했다. 자동차는 스쿨 존 안에서 (4) [＿＿＿] 를 할 수 없으며, 시속 30km 이상으로 달리면 (5) [＿＿＿] 이다. 이곳 주변에는 감시 카메라를 설치하여 교통 법규를 위반하지 않도록 (6) [＿＿＿] 하고 있다.

(1) 기준이나 목적에 따라 나누어 놓은 곳.

ㄱ	여

(2) 자동차, 기차, 배, 비행기 같은 탈것 때문에 생기는 사고.

ㄱ	통	ㅅ	고

(3) 글자, 그림 같은 것으로 어떤 내용을 나타낸 판.

ㅍ	ㅈ	판

(4) 주차와 정차를 아울러 이르는 말.
   ＊주차: 어떤 곳에 차를 대어 두는 것. ＊정차: 차를 잠시 멈추는 것.

ㅈ	ㅈ	차

(5) 법에 어긋나는 것.

부	ㅂ

(6) 법이나 규칙을 어기지 않게 통제하는 것.

다	소

4 무슨 낱말일까요?

🐾 **빈칸에 알맞은 낱말을 넣어 문장을 완성하세요.**

(1) 토의는 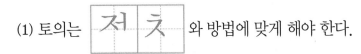 와 방법에 맞게 해야 한다.

　　　* 어떤 일을 하는 차례.

(2) 민경이는 도서관에서 책 세 권을 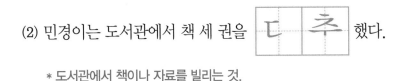 했다.

　　　* 도서관에서 책이나 자료를 빌리는 것.

(3) 동생은  으로 송편을 빚었다.

　　　* 어린아이의 손을 비유적으로 이르는 말.

(4) 꽃을 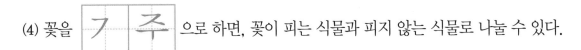 으로 하면, 꽃이 피는 식물과 피지 않는 식물로 나눌 수 있다.

　　　* 종류를 비교하거나 나눌 때 기본이 되는 것.

(5) 할머니는 내  라면 무엇이든 다 들어주신다.

　　　* 바라는 것을 달라고 하는 것.

(6) 학급 회의에서 학급 문고 훼손 방지 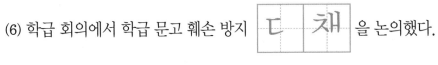 을 논의했다.

　　　* 문제를 해결하는 데 알맞은 방법이나 계획.

(7) 원태는 '멸종 위기의 곤충 지키기' 운동을 하여 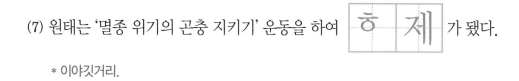 가 됐다.

* 이야깃거리.

(8) 우리 동네에서는 이웃끼리  하여 김장을 한다.

* 서로 힘을 합하여 돕는 것.

(9) 환경 단체의 주장은 무분별한 개발을  하고 자연을 보호하자는 것이다.

* 도중에 멈추거나 그만두는 것.

(10) 선생님께서는 우리의  을 믿어 주셨다.

* 어떤 것에 대해 생각을 분명하게 정하는 것.

(11) 장애인 차별을 없애려면, 장애인에 대한 인식을 ㄱ ㅅ 해야 한다.

* 잘못되거나 모자란 점을 고쳐 좋게 만드는 일.

(12) 소방대원들은 불을 끄기 위해 시 소 하 게 출동했다.

* 매우 빠르게.

(13) 우리는 언어폭력 문제를 ㅎ ㄱ 하기 위해 친구 간에도 존댓말을 쓰기로 했다.

* 어려운 일이나 문제를 풀어 잘 처리하는 것.

5 바꾸어 쓰기

🐑 **밑줄 친 말을 한 낱말로 바꾸어 쓰세요.**

(1) 가을이 되면 길가에 줄지어 심은 나무 잎이 노랗게 물든다.

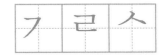

(2) 요즘 친구들 사이에 세 줄로 된 시 짓기가 유행이다.

(3) 종민이는 하루 내내 집에만 있으려니 재미가 없어 지루하고 답답하게 느껴졌다.

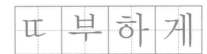

(4) 민규는 역사적 사실을 일어난 해에 따라 적은 표를 써 가면서 공부했다.

(5) 어머니께서 마당 테두리나 바깥 언저리에 봉숭아꽃을 심으셨다.

(6) 쓰레기 문제를 해결할 좋은 방법이나 계획이 있니?

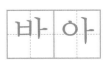

6 회의

🐻 **회의할 때에 쓰는 낱말입니다. 설명을 읽고 알맞은 낱말을 찾아 쓰세요.**

(1) 연구나 토의 등에서 중심이 되는 문제.

(2) 여럿이 함께 토의하거나 조사해야 할 것. 🔴 안

(3) 어떤 것을 판단하여 가지게 된 생각.

(4) 어떤 사실이나 내용에 문제가 없는지 살피는 것.

(5) 어떤 문제에 대해 서로 의견을 말하며 토의하는 것.

(6) 어떻게 하기로 분명하게 정하는 것.

(7) 어떤 일이나 의견이 나오게 된 까닭.

보기   결정   주제   근거   의견   논의   안건   검토

7 반대말

뜻풀이에 해당하는 낱말을 빈칸에 쓰고, 반대말을 찾아 연결하세요.

(1)  •

* 중간에 아무것도 끼지 않고 바로.

(2) 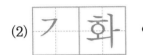 •

* 힘이나 세력을 더 강하게 함.

(3)  •

* 지나간 때.

(4)  •

* 잘 이용하는 것.

(5)  •

* 잘하거나 긍정적인 점.

(6)  •

* 마음에 들어 흐뭇하고 좋음.

(7)  •

* 여러 사람이 모여 이룬 집단.

•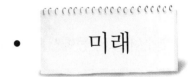
미래

• 간접

• 불만

•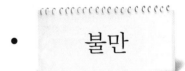
약화

• 개인

• 악용

•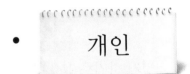
단점

8 면담

面 談
얼굴 면 말씀 담

서로 만나서 이야기를 나누는 것.

예) 오늘 담임 선생님과 <u>면담</u>을 했다.

설명을 읽고 '말씀 담(談)' 자가 들어가는 낱말을 쓰세요.

(1) 옛날부터 전해 내려오는, 지혜가 담긴 짧은 말.

소 □

(2) 남이 잘되기를 빌어 주는 말. 주로 새해에 많이 나눈다.

더 □

(3) 사람을 감동시키는 아름다운 내용의 이야기.

ㅁ □

(4) 진심에서 우러나온 참된 말. 반 농담

ㅈ □

(5) 남의 흠을 잡아 나쁘게 말하는 것.

허 □

(6) 어떤 문제에 대해 대표들이 모여 의논하는 것. 예 남북 ○○

ㅎ □

(7) 싸움터에서 용감하게 싸운 이야기.

무 요 □

9 띄어쓰기

—ㄹ걸 : 추측이나 후회, 아쉬움을 나타내는 말. ☞ 붙여 씀

걸 : '것을'의 준말. ☞ 띄어 씀

다음 문장을 알맞게 띄어서 원고지에 옮겨 쓰세요.

(1) 미리전화하고왔으면좋았을걸.

						걸	.		

(2) 그토록바라던걸이룬소감이어때?

									?

(3) 이럴줄알았으면더열심히노력할걸.

									걸.

72 훈민정음 5-1

10 십자말풀이

 가로 열쇠와 세로 열쇠를 잘 읽고, 빈칸을 채우세요.

		(1)	력	(2)	
(10)창			(3)		(4)
(9)					
			(5)		
	(8)	(6)			
	(7)				

가로 열쇠

(1) 사람이 끄는, 바퀴가 두 개 달린 수레.

(3) 만나거나 헤어질 때에 하는 말이나 행동.

(5) 병이나 사고가 나지 않게 미리 막는 것.

(6) 조선 시대의 높은 벼슬아치를 높여 부르던 말.

(7) 둥근 통에 지구 모습을 본떠서 땅과 바다를 그려 넣은 것.

(9) 모르는 것을 알고 싶어 하는 마음.

세로 열쇠

(1) 힘들고 어려운 일을 참고 견디는 마음.

(2) 몸이 아주 큰 사람. 凹 소인

(4) 한옥에서, 남자 주인이 지내면서 손님을 맞이하는 곳.

(5) 어떤 일이 일어날 것 같은 느낌.

(6) 연극이나 영화를 만들기 위해 쓴 글.

(8) 처해 있는 사정이나 형편.

(10) 문이나 방에 바르는 얇은 종이.

제 **7** 과 기행문을 써요

1 관광지

<table>
<tr><td>觀 光 地
볼 관 경치 광 땅 지</td><td>경치가 뛰어나거나 볼거리가 있어서 관광할 만한 곳.
예) 제주도에는 <u>관광지</u>가 많다.</td></tr>
</table>

설명을 읽고, '땅 지(地)' 자가 들어간 낱말을 쓰세요.

(1) 햇볕이 바로 드는 곳.

| 야 | |

(2) 습기가 많고 축축한 땅.

| 스 | |

(3) 사람이 손을 대지 않고 내버려 둔, 거칠고 쓸모없는 땅.

| 화 | 무 | |

(4) 새로운 세상.

| 신 | 처 | |

(5) 옛 건축물이나 역사적인 사건이 있던 곳.

| 유 | 저 | |

(6) 나무를 심거나 씨를 뿌려 사람이 숲으로 만든 땅.

| 조 | 리 | |

2 제주 사투리

'어느 한 지방에서만 쓰는, 표준어가 아닌 말'을 사투리라고 합니다. 다음 뜻에 알맞은 제주 사투리 낱말을 빈칸에 찾아 쓰세요.

(1) '할아버지'의 제주 사투리.

(2) '가십니까?'의 제주 사투리.

(3) '처녀'의 제주 사투리.

(4) '할머니'의 제주 사투리.

(5) '산'의 제주 사투리.

(6) '사성(무덤 뒤에 반달 모양으로 쌓아 올린 흙더미)'의 제주 사투리.

(7) '곶(바다 쪽으로 뾰족하게 뻗은 육지)'의 제주 사투리.

보기   할망   하르방   오름   감수광   코지   비바리   산담

3 산

😊 '산'이라는 글자가 들어간 낱말입니다. 빈칸에 알맞은 낱말을 쓰세요.

(1) 돌멩이 하나가 [　|비|타] 을 따라 또르르 굴러 내려갔다.

　　＊ 산에서 비스듬히 기울어진 곳.

(2) 한라산처럼 멋진 산에는 [　|천|다] 이 있다.

　　＊ 조선 시대에, 크게 이름난 산이나 강에 제사를 지내려고, 흙이나 돌로 쌓아 올린 곳.

(3) 나무꾼이 도끼를 연못에 빠뜨리자 [　|시] 이 나타났다.

　　＊ 산을 지키고 다스리는 신. 🔵 산신령

(4) 우리는 [　|자] 휴게소에서 도시락을 먹고 산을 내려왔다.

　　＊ 산에 오른 사람이 잠시 머무르거나 쉴 수 있게 산속에 만든 집.

(5) 이 [드|　|ㄹ] 를 따라가면 약수터가 나온다.

　　＊ 산을 오르는 길.

(6) 해가 지면 [ㅎ|　] 이 힘들어지니 서두르자.

　　＊ 산에서 내려가는 것.

산과 관계있는 낱말입니다. 빈칸에 알맞은 낱말을 찾아 쓰세요.

(7) 산과 산 사이에 기다랗게 움푹 패어 물이 흐르는 곳.

(8) 산, 언덕, 길 등에서, 한쪽으로 비스듬히 기울어진 면.

(9) 화산이 터져 가스나 수증기, 불 등이 나오는 구멍.

(10) 산등성이(산의 등줄기)를 따라 죽 이어진 선.

(11) 바깥쪽에 있는 벽.

(12) 이상하게 생긴 바위와 괴상하게 생긴 돌.

(13) 큰 바위가 아주 가파르게 솟아 있는 곳. 🅑 낭떠러지

(14) 바람을 막으려고 만든 숲.

보기

| 외벽 | 절벽 | 능선 | 계곡 |
| 방풍림 | 분화구 | 경사면 | 기암괴석 |

4 무슨 낱말일까요?

설명을 읽고, 빈칸에 알맞은 낱말을 넣어 문장을 완성하세요.

(1) 우리는 2박 3일 동안 경주로 | 다 | 사 | 를 떠나기로 했다.

    * 현장에 가서 직접 보고 조사하는 일.

(2) 가을의 산은 저마다 | 매 | 시 | 를 뽐내고 있었다.

    * 아름답고 보기 좋은 모양새.

(3) 공룡을 만나는 일은 | 고 | 사 | 과학 영화에서나 가능한 일이다.

    * 현실적이지 않거나 실현될 가능성이 없는 것을 상상하는 것.

(4) 아기가 깰까 봐 | 프 | 보 | 으로 살금살금 밖으로 나갔다.

    * 배를 땅에 대고 기는 것.

(5) 저 나무는 굵기를 보니 | 수 | 려 | 이 500년은 된 것 같다.

    * 나무의 나이.

(6) 정선의 '아우라지'라는 지명은 '두 물줄기가 어우러지다'라는 말에서 | ㅇ | ㄹ | 했다.

    * 어떤 것이 생겨나게 된 과정이나 역사.

5 낱말 뜻풀이

🙂 **빈칸에 알맞은 말을 넣어서 밑줄 친 낱말의 뜻을 풀이하세요.**

(1) 나는 비행기든 자동차든 창가 쪽 자리를 선호한다.

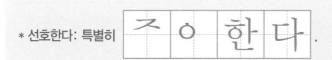

* 선호한다: 특별히 [ㅈ][ㅇ][한][다].

(2) 뒷산에는 소나무와 참나무가 섞바뀌어 자라고 있다.

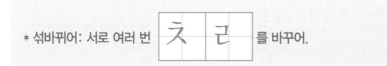

* 섞바뀌어: 서로 여러 번 [ㅊ][ㄹ] 를 바꾸어.

(3) 이곳에는 기이한 모양의 돌이 많다.

* 기이한: 묘하고 [ㅇ][사][한].

(4) 금도끼, 은도끼를 준 산신령이 홀연히 사라졌다.

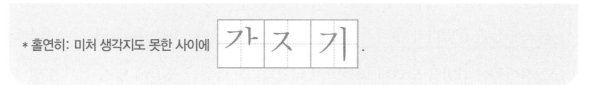

* 홀연히: 미처 생각지도 못한 사이에 [가][ㅈ][기].

(5) 설악산 바위를 가까이서 보니 웅장한 모습에 감탄이 쏟아졌다.

* 웅장한: 굉장히 [ㅋ].

(6) 깊은 숲속 잔디밭에 들어서니 아늑함이 느껴진다.

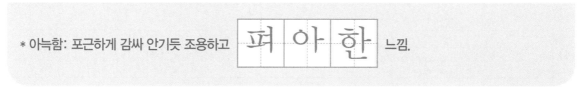

* 아늑함: 포근하게 감싸 안기듯 조용하고 [펴][아][한] 느낌.

6 기행문

여행하면서 보고, 듣고, 느낀 것을 적은 글을 기행문이라고 합니다. 기행문에 쓰이는 세 가지를 설명에 맞게 찾아 쓰고, 아랫글의 밑줄 친 부분이 무엇인지 빈칸에 적으세요.

(1) 기행문에서, 경험을 하면서 든 느낌을 쓴 부분. _____

(2) 기행문에서, 보고 들은 것을 쓴 부분. _____

(3) 기행문에서, 여행을 다닌 과정이나 일정을 쓴 부분. _____

보기   견문   여정   감상

　　우리 식구는 연휴 기간에 여수로 가족 여행을 다녀왔다. (4) 여수엑스포역에 내린 뒤 아버지는 지도를 펴셨다. 지도를 보고 조금 걸으니 오동도라는 섬이 나왔다. 오동도에 잠깐 들렀다가 우리의 목표 향일암으로 향했다. 거북선대교를 지나 돌산도로 접어들어 한참을 달리니 향일암이 나왔다. (5) 바위산 중간에 멋진 절이 있었다. 절에서 목탁 소리도 들렸다. 건물 이쪽에서 저쪽으로 가려면 큰 바위 옆을 지나야 했다. 어떤 곳은 바위 사이에 난 작은 길을 통해서만 갈 수 있었다. 길의 끝에는 바다가 있었다. (6) 지금도 이런 곳에 절을 지으려면 힘들 텐데 옛날에는 어떻게 이렇게 멋지게 지었는지 모르겠다. 조상들의 지혜가 대단하다고 느꼈다.

(4) ☐☐☐☐☐☐☐☐　(5) ☐☐☐☐☐☐☐☐　(6) ☐☐☐☐☐☐☐☐

7 경치

 바닷가에서 경치를 보고 있습니다. 빈칸에 알맞은 낱말을 쓰세요.

(1) 이곳은 산과 바다가 맞붙어 있어 [풍][경] 이 뛰어나다.

* 산, 들, 강, 바다 등 자연의 모습.

(2) [해][안][선] 을 따라 멋진 나무가 자라고 있다.

* 바다와 육지가 만나는 선.

(3) [일][출] 을 보려고 사람들이 모여들었다.

* 해가 뜨는 것.

(4) 멋진 나무와 파도가 어우러진 모습이 [장][관] 이었다.

* 거대하고 훌륭한 모습.

(5) 마치 멋진 그림이 그려진 [병][풍] 이 펼쳐져 있는 것 같았다.

* 바람을 막거나, 무엇을 가리거나, 장식을 하려고 방 안에 펼쳐 놓는 물건.

(6) 바다 앞에 서니 [전][망] 이 탁 트여 기분이 상쾌했다.

* 멀리 보이는 경치.

8 무슨 뜻일까요?

밑줄 친 말의 알맞은 뜻을 찾아 번호를 쓰세요.

(1) 쪽빛 하늘이 참 예쁘다.   (   )

    ① 짙은 푸른빛.

    ② 짙은 붉은빛.

(2) 그 산에는 삼나무와 편백나무가 무성하다.   (   )

    ① 풀이나 나무가 잘 자라서 **빽빽**하다.

    ② 잘 자라지 못한다.

(3) 한라산에 오르니 자연의 장엄함을 다시 한번 느낄 수 있었다.   (   )

    ① 무서워하여 마음이 불안함.

    ② 깊은 감탄과 감동을 일으킬 만큼 크고 아름다우며 인상적임.

(4) 이곳은 항상 안개가 끼어 있어 신령스럽다.   (   )

    ① 쓸쓸하고 으스스하다.

    ② 이상하고 신비롭다.

(5) 재훈이는 체육대회 우승을 만끽하고 있었다.   (   )

    ① 축하하고.

    ② 마음껏 즐기고.

(6) 현석이는 멋쩍은지 얼굴에 옅은 미소를 띠었다.   (   )

    ① 어색하고 쑥스러운지.

    ② 자랑스러운지.

9 **비행기**

비행기와 관계있는 낱말입니다. 빈칸에 알맞은 낱말을 쓰세요.

(1) 우리 비행기는 잠시 후 제주공항에 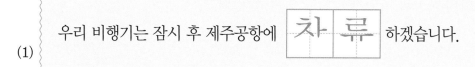 차 류 하겠습니다.

* 비행기가 공중에서 땅에 내리는 것.

(2) 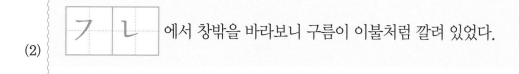 ㄱ ㄴ 에서 창밖을 바라보니 구름이 이불처럼 깔려 있었다.

* 비행기의 안.

(3) 비행기를 타면 ㅅ ㅇ 가 넓어져서 독도도 쉽게 볼 수 있다.

* 눈으로 볼 수 있는 범위.

(4) 서울 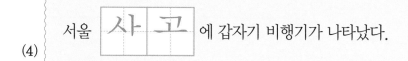 사 고 에 갑자기 비행기가 나타났다.

* 어떤 지역 위의 높은 공중.

(5) 비행기가 내려올 준비를 마치고 공항으로 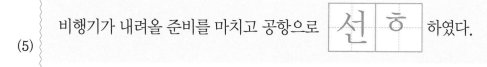 선 ㅎ 하였다.

* 비행기가 곡선으로 돌아 움직이는 것.

(6) 비행기가 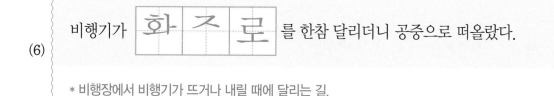 화 ㅈ 로 를 한참 달리더니 공중으로 떠올랐다.

* 비행장에서 비행기가 뜨거나 내릴 때에 달리는 길.

10 바르게 쓰기

다음 문장에서 틀린 낱말에 밑줄을 긋고 바르게 고쳐 쓰세요.

(1) 바다 먼 곳을 보면 마치 하늘과 바다가 맞다아 있는 것 같다.

_____

(2) 여러 색의 실로 수노은 듯이 아름다운 나무가 줄지어 서 있었다.

_____

(3) 산꼭대기에 오르니 오히려 설레임이 더 커졌다.

_____

(4) 옛날에는 시냇가에 앉아 빨래돌에 옷을 빨았다.

_____

(5) 개뻘에는 수많은 생물이 살고 있다.

_____

(6) 저 산은 너무 가파라서 우리가 오르기에는 벅차요.

_____

(7) 형준이는 복주머니를 허릿춤에 차고 돌아다녔다.

_____

제 8 과 아는 것과 새롭게 안 것

1 낱말의 짜임

낱말에는 단일어와 복합어가 있어요.

단일어 : 나누면 본래의 뜻이 없어져, 나눌 수 없는 낱말. 예) 꽃, 하늘, 무지개

복합어 : ① 두 낱말을 합한 낱말. 예) 꽃집(꽃+집), 사과나무(사과+나무)
② 어떤 낱말에 뜻을 더해 주는 말을 붙인 낱말. 예) 맨주먹, 햇밤

2 복합어

1. 두 낱말을 합해 낱말을 만들어요.

예)

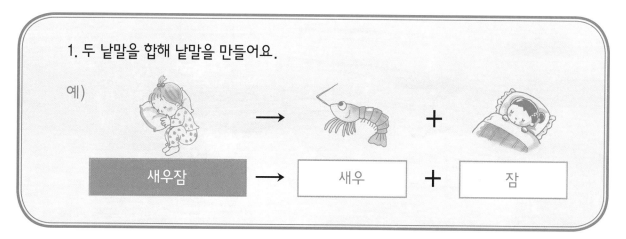

새우잠 → 새우 + 잠

설명에 알맞은 낱말을 쓰고, 그 낱말을 두 부분으로 나누어 쓰세요.

(1) [　　　　　] → [　　　] + 나 무

* 사과가 열리는 나무.

(2) ㄱ ㄹ ㄷ ㄹ → [　　　] + [　　　]

* 길, 건물, 산골짜기 사이를 건너질러(이쪽에서 저쪽까지 길게 가로질러) 공중에 놓은 다리.

2. 낱말의 앞이나 뒤에 '뜻을 더해 주는 말'을 붙여 새 낱말을 만들어요.

| 풋사과 | → | 풋 + 사과 | '풋–' : '덜 익은', '깊지 않은'의 뜻. |

* 아직 덜 익은 사과.

| 애벌레 | → | 애 + 벌레 | '애–' : '어린'의 뜻. |

* 알에서 나온 후 아직 다 자라지 않은 벌레.

| 덧버선 | → | 덧 + 버선 | '덧–' : '겹쳐서'의 뜻. |

* 버선이나 양말 위에 겹쳐서 신는 버선.

설명에 알맞은 낱말을 쓰고, 그 낱말을 두 부분으로 나누어 쓰세요.

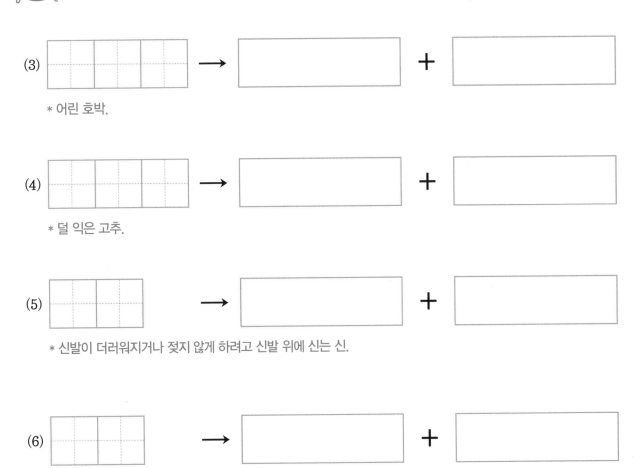

(3)　[　　][　　][　　] → [　　　] + [　　　]

* 어린 호박.

(4)　[　　][　　][　　] → [　　　] + [　　　]

* 덜 익은 고추.

(5)　[　　][　　] → [　　　] + [　　　]

* 신발이 더러워지거나 젖지 않게 하려고 신발 위에 신는 신.

(6)　[　　][　　] → [　　　] + [　　　]

* 잠든 지 얼마 안 되어 깊이 들지 못한 잠.

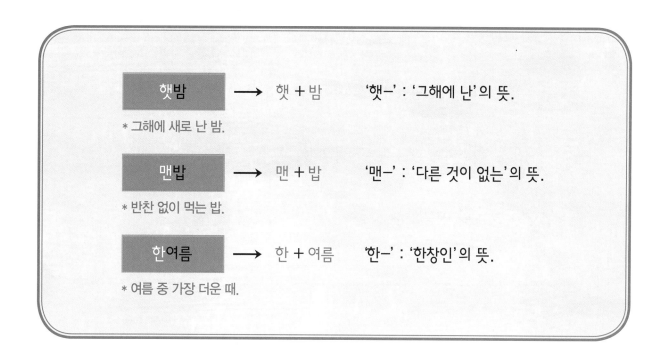

햇밤 ⟶ 햇 + 밤   '햇-' : '그해에 난'의 뜻.

* 그해에 새로 난 밤.

맨밥 ⟶ 맨 + 밥   '맨-' : '다른 것이 없는'의 뜻.

* 반찬 없이 먹는 밥.

한여름 ⟶ 한 + 여름   '한-' : '한창인'의 뜻.

* 여름 중 가장 더운 때.

설명에 알맞은 낱말을 쓰세요.

(7) 태수는 ☐☐☐ 에도 샌들을 신는다.

    * 한창 무르익은 겨울철.

(8) 손님을 초대해 놓고 ☐☐ 으로 보내면 어떻게 하니?

    * 아무것도 먹지 않은 입.

(9) 외삼촌께서 ☐☐☐ 를 한 상자 보내 주셨다.

    * 그해에 새로 난 사과.

(10) 성훈이는 ☐☐☐ 을 불끈 쥐었다.

    * 장갑 등을 끼지 않은 주먹.

– 꾼	'그 일이 직업이거나 잘하는 사람'의 뜻. 예) 나무꾼 → 나무 + 꾼
– 꾸러기	'그런 짓을 많이 하는 사람'의 뜻. 예) 장난꾸러기 → 장난 + 꾸러기
– 이	'사람, 사물'의 뜻. 예) 돌봄이 → 돌봄 + 이

주어진 설명을 읽고, '–꾼, '–꾸러기', '–이'와 합쳐진 낱말을 쓰세요.

(11) 어떤 것을 지키는 사람. 예 우리말 ○○○

(12) 판소리를 잘하거나 직업으로 하는 사람.

(13) 욕심이 아주 많은 사람.

(14) 낚시를 잘하거나 즐기는 사람.

(15) 잠이 아주 많은 사람.

3 —어

다음 글자가 들어간 낱말을 빈칸에 알맞게 쓰세요.

(1) **—어(語)** : '말'의 뜻.

① 하늘, 땅, 바다 등은 _____ 다.

  * 나누면 본래의 뜻이 없어져 더는 나눌 수 없는 낱말.

다	이	어

② 꽃집, 맨손, 욕심쟁이 등은 _____ 다.

  * 뜻이 있는 두 낱말이 합해져 하나의 낱말을 이룬 것.

보	하	어

(2) **—화(化)** : '되다'의 뜻.

① _____ 가 되면서 농촌 사람들이 도시로 모여들었다.

  * 기계와 기술의 발달로 2차·3차 산업 비율이 높아지는 것.

사	어	화

② 농촌의 생활 양식이 _____ 되어 가고 있다.

  * 도시 이외의 지역이 도시의 문화 형태로 변화하는 것.

ㄷ	ㅅ	화

(3) **—심(心)** : '마음'의 뜻.

① 심청이는 _____ 이 깊다.

  * 부모에게 효도하려는 마음.

ㅎ	심

② 형은 합격 소식을 들은 후에야 _____ 했다.

  * 걱정이 사라져 편안한 마음.

ㅇ	심

(4) **—종(種)** : '종류'의 뜻.

① 이 지역의 _____ 은 두루미다.

  * 어느 지역의 대표가 되는 동식물의 종류.

기	대	종

② 버들치는 1급수에만 사는 _____ 이다.

  * 환경의 상태나 변화를 대표하는 생물의 종류.

ㅈ	표	종

4 무슨 낱말일까요?

🐱 **빈칸에 알맞은 낱말을 넣어 문장을 완성하세요.**

(1) 할아버지의 | ㅈ | ㅅ | 가 있는 날이면 친척들이 다 모인다.

　　* 음식을 차려 놓고 신이나 조상에게 절하는 의식.

(2) 자석은 | ㅅ | 부 | 이 | 를 끌어당기는 성질이 있다.

　　* 쇠·구리·금·알루미늄처럼 단단하며, 전기와 열이 잘 통하는 물질.

(3) 해령이의 가야금 | ㅇ | 주 | 에 친구들은 감동하였다.

　　* 악기를 다루어서 음악을 들려주는 것.

(4) 분지는 | ㅅ | 방 | 이 산으로 둘러싸인 땅이다.

　　* 동, 서, 남, 북 네 방위를 아울러 이르는 말.

(5) 어머니께서는 | 지 | ㄱ | ㄹ | 에 식혜를 담아 주셨다.

　　* 흙으로 구워 만든, 윤기가 없는 그릇.

(6) 명주실은 | 타 | 려 | 이 있어 가야금, 거문고 같은 악기의 줄로 사용한다.

　　* 용수철처럼 튀거나 팽팽하게 버티는 힘.

(7) 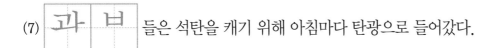 들은 석탄을 캐기 위해 아침마다 탄광으로 들어갔다.

    ＊ 땅속에 묻혀 있는 석탄이나 금속을 캐는 사람.

(8) 할머니께서는  에 밥을 담아 이불 속에 넣어두셨다.

    ＊ 놋쇠로 만든 밥그릇.

(9) 장구는 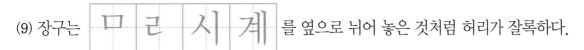 를 옆으로 뉘어 놓은 것처럼 허리가 잘록하다.

    ＊ 작은 구멍으로 모래를 떨어뜨려 시간을 재는 기구.

(10) 이 가구에는  의 땀과 정성이 깃들어 있다.

    ＊ 특별한 기술로 물건 만드는 일을 직업을 하는 사람.

(11) 농부들은 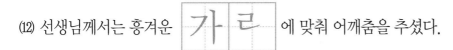 를 하며 힘든 농사일에 흥을 돋우었다.

    ＊ 북·장구·징·꽹과리 등을 치면서 춤과 노래를 곁들이는 놀이.

(12) 선생님께서는 흥겨운  에 맞춰 어깨춤을 추셨다.

    ＊ 소리의 높낮이와 길이가 어울려서 이루는 음의 흐름.

(13) 명주실은 누에 고 치 에서 뽑은 실이다.

    ＊ 누에(누에나방의 애벌레)가 번데기로 될 때 자기 몸에서 실을 뽑아 제 몸을 둘러싸는 둥글고 길쭉한 껍데기.

5 악기

설명을 읽고, 그림에 알맞은 이름을 골라 쓰세요.

(1)

명주실로 만든 악기

(2)

아쟁

7~10개의 줄로 되어 있으며, 활을 앞뒤로 문질러 소리를 낸다.

해금

둥근 나무통에 긴 막대를 달고, 두 개의 줄을 매어 활로 비벼 소리를 낸다.

(3)

흙으로 만든 악기

(4)

훈

앞에 세 개, 뒤에 두 개의 구멍이 있다. 꼭대기 구멍에 입을 대고 분다.

부

받침대 위에 올려놓고, 아홉 조각으로 쪼개진 대나무 채로 쳐서 소리를 낸다.

(5)

대나무로 만든 악기

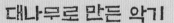

(6)

대금

대나무 통에 구멍을 열세 개 뚫어 만들고, 가로로 잡고 분다.

단소

대나무로 만들고 구멍이 앞에 네 개, 뒤에 한 개 있다. 세로로 잡고 분다.

설명을 읽고, 그림에 알맞은 이름을 골라 쓰세요.

(7)

쇠로 만든 악기

⬅ 둥글넓적하게 만든 악기로, 한 손에 들고 채로 쳐서 소리를 낸다.

위는 가늘고 아래는 퍼진 모양의 악기 ➡ 로, 긴 대롱을 입으로 불어 소리 낸다.

(8)

(9)

가죽으로 만든 악기

⬅ 둥근 통 양 끝에 가죽을 씌우고 채로 쳐서 소리를 낸다.

허리가 가늘고 잘록한 통의 양쪽에 ➡ 가죽을 붙이고, 채로 쳐서 소리를 낸다.

(10)

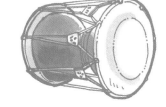

박으로 만든 악기

(11)

⬅ 둥근 나무통에 대나무 대롱을 꽂아 분다.

돌로 만든 악기

(12)

ㄱ자 모양의 돌을 나무 ➡ 틀에 걸어 놓고 친다.

보기   편경   꽹과리   북   나발   생황   장구

6 무슨 뜻일까요?

밑줄 친 낱말의 알맞은 뜻을 찾아 번호를 쓰세요.

(1) 할머니께서는 닭을 열 마리 남짓 키우신다.   (   )

    ① 조금 모자랄 만큼.

    ② 조금 더 되는 만큼.

(2) 점박이물범은 부빙 위에서 새끼를 낳는다.   (   )

    ① 물속에 잠긴 바위.

    ② 물 위에 떠다니는 얼음덩이.

(3) 어머니께서는 모피로 만든 옷은 입지 않으신다.   (   )

    ① 털이 붙어 있는 짐승의 가죽.

    ② 두꺼운 솜.

(4) 할아버지는 젊은 시절 탄광에서 일하셨다.   (   )

    ① 금을 캐내는 곳.

    ② 석탄을 캐내는 곳.

(5) 쓰레기는 한데 모아서 버려야 한다.   (   )

    ① 한곳이나 한군데.

    ② 한꺼번에.

(6) 옛날 사람들은 악기의 소리를 들으며 자연의 이치를 깨달았다.   (   )

    ① 어떤 것을 바르게 이해할 수 있게 하는, 진리나 원칙.

    ② 서로 잘 어울리는 것.

7 자연환경

자연환경과 관계있는 낱말입니다. 설명에 알맞은 낱말을 쓰세요.

(1) 생물이 일정한 곳에 자리를 잡고 사는 곳.

서	ㅅ	지

(2) 죽지 않고 살아 있는 것.

새	존

(3) 생물의 한 종류가 지구에서 완전히 없어지는 것.

뎌	조

(4) 여러 생물이 서로 영향을 미치면서 사는 세계.

새	ㅌ	계

(5) 강과 시내를 함께 이르는 말로, 물길을 만들며 흐르는 큰 물줄기.

ㅎ	천

(6) 물·공기·흙 따위가 더러워지는 것.

ㅇ	여

(7) 잘 보살펴서 그대로 남아 있게 하는 것.

보	ㅈ

(8) 가축이나 농작물이 예전부터 한 지방에서 나는 종류. **비** 재래종

ㅌ	종

(9) 귀하거나 가치가 높아 법률로 정해 보호하고 관리
하는 동식물과 광물 등의 천연물.

ㅊ	ㅇ	기	녀	물

8 –하다

 '–하다'가 붙어서 만들어진 낱말을 빈칸에 알맞게 쓰세요.

(1) 우주는 끝을 알 수 없을 만큼 | 과 | ㄷ | 하 | 다 |.

* 넓고 크다.

(2) 산속을 굽이굽이 흐르는 계곡물 소리가 | 처 | 아 | 하 | 다 |.

* 맑고 아름답다.

(3) 중국의 만리장성은 규모가 화려하고 | 우 | 자 | 하 | 다 |.

* 건물, 자연 경치, 예술 작품 같은 것이 엄청나게 크고 으리으리하다.

(4) 무엇이 들었는지 상자가 | 묵 | ㅈ | 하 | 다 |.

* 꽤 무겁다.

(5) 음식을 담는 그릇은 대체로 | 우 | 무 | 하 | 다 |.

* 가운데가 둥그스름하고 깊게 패어 있다.

(6) 비단은 짜임새가 무척 | 서 | 세 | 하 | 다 |.

* 곱고 가늘다.   * 비단: 명주실로 짠 천.

제 9 과 여러 가지 방법으로 읽어요

1 무엇일까요?

그림과 설명에 맞는 이름을 보기에서 찾아 쓰세요.

(1)

← 대나무의 어린싹.

박을 반으로 쪼개어 만든 ➡
작은 바가지.

(2)

(3)

← 먹을 갈 때 쓸 물을 담는 그릇.

향을 피우는 자그마한 그릇. ➡

(4)

보기   향로   죽순   연적   표주박

2 책

책과 관계있는 낱말입니다. 빈칸에 알맞은 낱말을 쓰세요.

(1) 아버지는 이번에 동화책을 추 파 하셨다.

* 책이나 그림 등을 인쇄하여 세상에 내놓는 것.

(2) 아주머니께서 기계로 책 뒤의 마 대 프 시 를 찍으셨다.

* 상품 뒤나 포장 등에 표시된 검고 흰 줄무늬. 바코드.

(3) 이 동화에는 드 자 인 물 이 두 명밖에 안 나온다.

* 문학작품이나 영화 등에 나오는 인물.

(4) 나는 책을 읽고 나면 항상 독서 공책에 ᄌ ᄀ 리 를 적어 놓는다.

* 소설, 이야기, 영화 등의 중심 내용.

(5) 현수는 유명 작가의 책 내용을 ᄆ ᄇ 해서 글을 썼다.

* 다른 것을 그대로 본떠서 만드는 것.

(6) 아까 네가 얘기해 준 동화 ᄌ ᄆ 이 뭐야?

* 작품의 이름.

3 도자기

도자기와 관계있는 낱말입니다. 빈칸에 알맞은 낱말을 쓰세요.

(1) 도자기를 만드는 일은 흙으로 하는 | 공 | 예 | 다.

　　* 옷, 도자기 등 일상생활에 필요한 물건을 아름답게 장식하여 만드는 일.

(2) 할아버지께서 매일 닦으셔서 도자기에서 | 윤 | 이 난다.

　　* 물체의 겉에 나타나는 반질반질하고 매끄러운 기운.

(3) 아버지는 도자기 바닥에 묻은 | 유 | 약 | 을 조심스럽게 닦아 내셨다.

　　* 도자기의 몸에 바르는 약. 도자기에 액체나 기체가 스며들지 못하게 하며, 빛을 반사하게 한다.

(4) 이 도자기는 | 상 | 감 | 기법으로 무늬를 만들어 넣었다.

　　* 금속이나 도자기 등의 겉에 여러 무늬를 파낸 뒤, 다른 재료를 그 모양으로 만들어 파낸 곳에 넣어 만드는 기술.

(5) 고려 시대에 만든 | 청 | 자 | 는 무척 아름다워서 세계적으로 인기가 높다.

　　* 푸른 빛깔의 자기(흙으로 만들어 아주 높은 온도로 구운 그릇). 고려 시대에 만든 것은 색깔과 무늬가 매우 뛰어나다.

(6) 도자기를 만드는 | 도 | 공 | 의 손길이 섬세하다.

　　* 직업으로 도자기를 만드는 사람.

4 다양성

多 樣 性
많다 **다** 모양 **양** 성질 **성**

모양, 빛깔, 형태 등이 여러 가지로 많은 성질.
예) 문화와 종교의 <u>다양성</u>을 인정해야 한다.

설명을 읽고, 빈칸에 '성질 성(性)' 자가 들어간 낱말을 쓰세요.

(1) 이 신문사의 기사는 | 저 | 확 | | 이 매우 떨어진다.

  * 바르고 확실한 성질.

(2) 글을 읽고 내용의 | 타 | 당 | | 을 판단해 보자.

  * 맞고 옳은 성질.

(3) 우리 도자기는 아름다운 데다가 | 실 | 용 | | 도 뛰어나다.

  * 실제 생활에서 쓸모가 있는 성질.

(4) 이 그림은 | 독 | 창 | | 이 부족하다.

  * 남의 것과는 다르게 새롭고 독특한 성질.

(5) 녹색으로 변한 강을 보고 환경 오염의 | 심 | 각 | | 을 깨달았다.

  * 어떤 일의 상태나 정도가 매우 심한 성질.

5 -점

다음 글자가 들어간 낱말을 빈칸에 알맞게 쓰세요.

(1) **-점(店)** : '가게'의 뜻.

① 어머니는 옷을 _____ 에서 싸게 사셨다.

     * 물건을 정해진 가격보다 싸게 파는 가게.

| 하 | 이 | |

② 아버지는 어머니 선물을 사러 _____ 에 가셨다.

     * 여러 상품을 종류별로 진열하고 파는 큰 가게.

| 배 | 흥 | |

(2) **-적(的)** : '어떤 성격이 있는 것', '무엇과 관계있는 것'의 뜻.

① 과일을 먹는 것은 감기 예방에 _____ 이다.

     * 어떤 행동으로 좋은 결과가 나타나는 것.

| 흥 | ㄱ | |

② 이 도자기는 _____ 인 무늬가 특징이다.

     * 그림처럼 아름답게 표현하는 것.

| 흥 | 화 | |

(3) **-관(館)** : '건물', '기관'의 뜻.

① _____ 에서 그림 대회 작품을 전시하기로 했다.

     * 미술품을 전시하는 시설.

| ㅁ | 수 | |

② 우리는 이번 주 금요일에 _____ 으로 견학을 간다.

     * 의미가 깊은 자료를 수집하여 전시하는 곳.

| 바 | 무 | |

(4) **-력(力)** : '힘', '능력'의 뜻.

① 지윤이는 _____ 이 무척 뛰어나다.

     * 마음이나 정신을 한곳에 모으는 힘.

| 지 | 주 | |

② 우리나라는 배를 만드는 _____ 이 뛰어나다.

     * 물건을 만들어 내거나 문제를 해결하는 능력.

| 기 | 수 | |

6 무슨 낱말일까요?

 설명을 읽고, 빈칸에 알맞은 낱말을 넣어 문장을 완성하세요.

(1) 이 | 아 | 호 | 를 풀어야 다음 문제로 넘어갈 수 있다.

    * 비밀을 유지하기 위해 특정한 사람들끼리만 알 수 있도록 만든 신호.

(2) 이 책 뒤에는 점과 선으로 채워진 네모 모양 | 표 | 시 | 이 있다.

    * 무엇을 나타내 보이는 방식.

(3) 도서관에는 책들이 반듯하게 | 비 | 여 | 되어 있다.

    * 일정한 차례나 간격에 따라 차려 놓는 것.

(4) 초인종을 아무리 눌러 보아도 | 으 | 다 | 이 없었다.

    * 부름이나 물음에 답하는 것.

(5) 이 책은 사람들이 많이 읽었는지 | ㄱ | 투 | 이 | 가 꽤 닳았다.

    * 물건 끝의 꺾어진 부분.

(6) 현대는 제4차 | 사 | 업 | 혀 | 며 | 시대다.

    * 기술의 발달로 사회나 경제가 크게 변하는 것.

(7) 삼촌은 취직했다고 하시며 나에게 [명][함]을 주셨다.

  * 이름, 직업, 전화번호 등을 적은 작은 종이.

(8) 방학 숙제는 학교 [누][리][집]에서 확인할 수 있다.

  * 개인이나 단체가 인터넷을 통해 정보를 제공하거나 의사소통을 하기 위해 만든 것. 웹 홈페이지

(9) 할아버지는 아직도 문학에 대한 [열][정]이 끓어넘치신다.

  * 애정을 가지고 어떤 일을 열심히 하려는 마음.

(10) 외삼촌은 넘치는 [패][기]로 사업을 시작하셨다.

  * 어떤 어려운 일이라도 해내려는 정신.

(11) 우리나라 도자기는 아름다운 빛깔 때문에 세계에서 [주][목]을 받았다.

  * 관심을 가지고 집중하는 것.

(12) 음료수 뚜껑을 여니까 [기][포]가 보글보글 올라온다.

  * 액체나 고체 속에 기체가 들어가 거품처럼 둥그렇게 부풀어 있는 것. 웹 거품

(13) 할머니는 [나][전][칠][기] 가구를 무척 좋아하신다.

  * 아름다운 자개(조개껍데기) 조각을 여러 모양으로 박아 넣거나 붙인 칠기(옻나무 진을 바른 가구).

7 무슨 뜻일까요?

밑줄 친 말의 알맞은 뜻을 찾아 번호를 쓰세요.

(1) 스마트폰으로 <u>정보 무늬</u>를 찍으면 제품 이용 방법을 읽을 수 있다.　　　　（　　）

　　① 네모 상자 안에 점과 선으로 나타낸 무늬.

　　② 희고 검은 줄무늬.

(2) 이 안경을 쓰고 보면 영화가 <u>3차원</u>으로 보인다.　　　　（　　）

　　① 방향이 반대로 되는 것.

　　② 좌우, 앞뒤, 위아래의 세 방향으로 이루어진 공간.

(3) 그림 대회에 참여한 사람에게 점심을 <u>제공합니다</u>.　　　　（　　）

　　① 줍니다.

　　② 팝니다.

(4) 그 도자기는 <u>은은한</u> 녹색을 띠었다.　　　　（　　）

　　① 강한.

　　② 강하지 않고 연한.

(5) 도자기에서 조상들의 정성을 <u>엿보았다</u>.　　　　（　　）

　　① 드러나지 않은 마음이나 생각을 짐작했다.

　　② 깊이 조사했다.

(6) 고려인의 노력과 열정이 고려청자의 아름다움을 <u>일궈</u> 내었다.　　　　（　　）

　　① 어떤 현상이나 일을 일으켜.

　　② 어떤 현상이나 일의 까닭을 알아내.

8 낱말 뜻풀이

😊 **빈칸에 알맞은 말을 넣어서 밑줄 친 낱말의 뜻을 풀이하세요.**

(1) 수학을 잘하려면 <u>응용</u>을 잘해야 한다.

* 응용: 어떤 이론이나 지식을 다른 것에 | 저 | 요 | 하는 것.

(2) 우리나라 도자기에는 우리만의 <u>특색</u>이 담겨 있다.

* 특색: 보통과는 | 다 | 른 | 점.

(3) 달리기 실력은 형식이가 <u>우수하다</u>.

* 우수하다: 여럿 가운데 | 뜨 | 어 | 나 | 다 |.

(4) 고려청자의 <u>비색</u>은 세계 어느 도자기의 빛깔보다 아름답다.

* 비색: 고려청자의 빛깔과 같은 | 프 | 른 | 색 |.

(5) 고려청자의 겉모습이 매우 <u>유려하다</u>.

* 유려하다: 곡선이 미끈하고 | 아 | 른 | 답 | 다 |.

(6) 주장하는 글을 잘 쓰려면 <u>납득할</u> 수 있는 근거를 들어야 한다.

* 납득할: 다른 사람의 말이나 행동을 잘 알아서 | 이 | 히 | 할 |.

9 비슷한말, 반대말

밑줄 친 낱말의 비슷한말이나 반대말을 빈칸에 쓰세요.

(1)
- 내 방에는 빗방울 무늬 벽지를 붙였다.
- 아버지는 도자기의 **비** | 무 | 야 | 을 한참 바라보셨다.

(2)
- 어떤 일에 맞추어 행동하는 것을 '대응한다'고 말한다.
- 은주는 갑자기 닥친 일에도 슬기롭게 **비** | ㄷ | ㅊ | 한 | 다 .

(3)
- 저 가수는 오랜 무명 생활을 견뎌내고 스타가 되었다.
- **반** | ㅇ | 며 | 관광지에는 사람이 많이 몰린다.

(4)
- 내 자전거는 옅은 보라색이다.
- 민재 자전거는 **반** | 지 | 은 | 초록색이다.

(5)
- 선생님은 내 글을 보시고는 독특하고 재미있다고 비평해 주셨다.
- 주장하는 글은 **비** | ㅂ | 파 | 하는 태도로 읽어야 한다.

(6)
- 남의 주장과는 다른 의견을 '이의'라고 한다.
- 제 의견에 **반** | ㄷ | ㅇ | 하시면 손을 들어 주세요.

10 바르게 쓰기

다음 문장에서 틀린 낱말에 밑줄을 긋고 바르게 고쳐 쓰세요.

(1) 할아버지는 한 시간째 도자기를 빈고 계신다.

_____

(2) 그릇 바깥쪽에 무늬를 새긴 다음, 흙을 매우고 매끄럽게 다듬었다.

_____

(3) 현주는 우선 글 전체를 훑터 읽어 보았다.

_____

(4) 혜영이는 언니가 묻는 말에 우물주물 대답했다.

_____

(5) 미래에 사람이 갖추어야 할 것이 무엇일까?

_____

(6) 이 큐알(QR) 코드를 스마트폰으로 찍으면 동영상이 나온다.

_____

(7) 설명하는 글에 의심스러운 부분이 있다면 꼼꼼이 따져 읽어야 한다.

_____

11 띄어쓰기

만하다	어떤 행동이 가능하다는 뜻을 나타낼 때에는 붙여 씁니다. 예) 흥부는 밥을 사 먹을 <u>만한</u> 돈이 없었다.
만 하다	어느 정도인지를 나타낼 때에는 띄어 씁니다. 예) 놀부는 모기<u>만 한</u> 목소리로 잘못을 빌었다.

다음 문장을 괄호 안의 횟수만큼 띄워서 원고지에 옮겨 쓰세요.

(1) 나는코끼리만한개구리를보았어.(4)

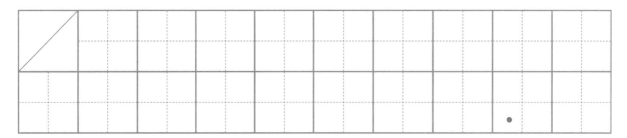

(2) 이정도의주사는참을만하네요.(4)

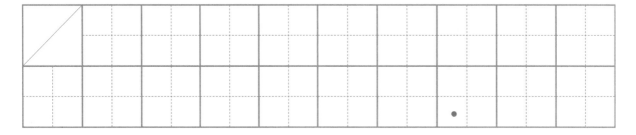

(3) 아이는집채만한바위를번쩍들었다.(5)

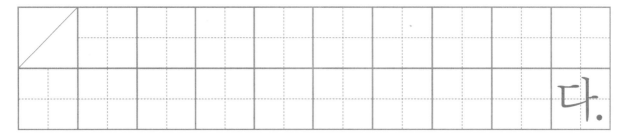

제 10 과 주인공이 되어

1 어울리는 말

 뜻풀이를 읽고, 빈칸에 알맞은 낱말을 넣어 문장을 완성하세요.

(1)

> ⬜(뜸) 을 들이다.
>
> → 어떤 일을 얼른 하지 않고 시간을 끌다.

* 음식을 만들 때 불을 끈 뒤에도 한참 그대로 두어 골고루 푹 익히는 일.

(2)

> ⬜(입) 을 모으다.
>
> → 여러 사람이 같은 의견을 말하다.

* 씹거나 물거나 소리를 내는 데 쓰는 신체 기관.

(3)

> ⬜⬜(고개) 를 끄덕이다.
>
> → 다른 사람의 의견이나 능력 따위에 찬성하다.

* 목과 머리를 함께 이르는 말.

(4)

> ⬜(열) 을 올리다.
>
> → 흥분하여 화를 내다.

* 몹시 흥분하거나 화를 내는 것.

2 무슨 낱말일까요?

 **빈칸에 알맞은 낱말을 넣어 문장을 완성하세요.**

(1) 제하는 선생님과 친구들의 | 시 | 이 | 을 얻어 반장이 되었다.

    * 믿고 일을 맡김. 또는 그 믿음.

(2) 동생은 내 말에 아무 | ㄷ | ㄲ | 도 하지 않고 방을 나갔다.

    * 남의 말에 반응하여 말하는 것.

(3) 할머니께서 내 손을 | 더 | 서 | 잡으시더니 환하게 웃으셨다.

    * 갑자기 달려들어 냉큼 입에 물거나 잡는 모양.

(4) 우리가 노력한 만큼 이번 일에서 얻은 | ㅅ | 화 | 이 크다.

    * 어떤 일을 하여 얻은 좋은 결과.

(5) 내가 전교 회장이 되다니, 이게 꿈인지 | ㅅ | 시 | 인지 모르겠다.

    * 자지 않고 깨어 있는 동안.

(6) 날마다 다투던 짝꿍이 | 마 | 사 | 전학을 간다고 하니 왠지 눈물이 났다.

    * 일이 진짜로 일어나고 보니. 📕 정작

(7) 할아버지께서는 날마다 작은 수첩에  을 기록하신다.

    * 특별한 일이 없는 보통 때의 생활.

(8) 승주네 부모님은 오래전에  을 하셨다.

    * 부부가 헤어져 남남이 되는 것.

(9) 공부 잘하는 친구들을  하지 말고 너도 열심히 해 보렴.

    * 다른 사람이 잘되는 것을 싫어하는 것.

(10) 내 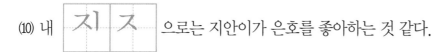 으로는 지안이가 은호를 좋아하는 것 같다.

    * 사정이나 형편을 어림잡아 헤아리는 것.

(11) 윤주가 내게 다가와 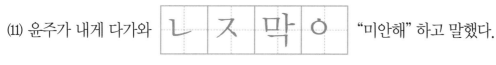 "미안해" 하고 말했다.

    * 소리가 좀 낮고 작게.

(12) 인국이는 4학년이 끝나 갈  전학을 갔다.

    * 어떤 일이 일어나거나 어떻게 될 무렵.

(13) 아버지는 요즘 들어 체중이  늘었다며 운동을 시작하셨다.

    * 갑자기 늘거나 주는 모양.

3 –거리다

😊 '–거리다'가 붙어서 만들어진 낱말을 빈칸에 알맞게 쓰세요.

(1) 정훈이가 교실에 들어오자 아이들이 | 스 | 구 | 거 | 렸 | 다 | .

* 남이 알아듣지 못하게 낮은 목소리로 자꾸 이야기했다.

(2) 은솔이는 숙제가 너무 많다며 | 투 | 덜 | 거 | 렸 | 다 | .

* 못마땅하여 혼잣말로 자꾸 중얼거렸다.

(3) 민규는 그렇게 쉬운 문제도 못 푸냐며 | 비 | 적 | 거 | 렸 | 다 | .

* 비웃으면서 자꾸 놀렸다.

(4) 유나의 말투가 너무 다정해서 귀가 | 간 | 지 | 거 | 렸 | 다 | .

* 간지러운 느낌이 들었다.

(5) 두 시간이나 배를 탔더니 속이 | 울 | 렁 | 거 | 렸 | 다 | .

* 뱃속이 토할 것같이 메스꺼웠다.

(6) 태정이는 말은 못 하고 뒷머리를 | 긁 | 적 | 거 | 렸 | 다 | .

* 계속해서 자꾸 긁었다.

4 십자말풀이

 낱말 뜻풀이를 읽고, 괄호 안에 들어갈 낱말을 빈칸에 넣어 십자말풀이를 완성하세요.

(1)
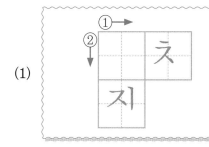

① 남의 마음이나 일의 상황을 알아차리는 힘.

② 눈으로 자기의 생각을 남에게 알리는 것.

① 준수는 화가 난 경태의 (   )를 보며 다가가 말을 꺼냈다.

② 승아가 나를 보며 복도로 나오라는 (   )을 보냈다.

(2)
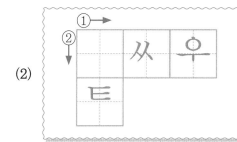

① 말로 옳고 그름을 가리며 다툼. 🔵 말다툼

② 말에서 드러나는 독특한 방식이나 느낌.

① 동생과 (   )을 하다가 어머니께 꾸중을 들었다.

② 재경이는 미소를 띠고 부드러운 (   )로 친구를 대한다.

(3)
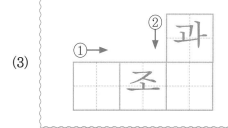

① 자신을 스스로 높이는 마음.

② 어떤 것에 끌리는 마음.

① 은재는(   )을 접고 중원이에게 먼저 사과했다.

② 태원이는 요즘 기타에 (   )이 많다.

5 누구일까요?

 사람을 나타내는 낱말입니다. 빈칸에 알맞은 낱말을 쓰세요.

(1) 선수들이 | ㅅ | ㅍ | 의 판결에 항의했다.

    * 운동 경기를 이끌면서 반칙을 가려내는 사람.

(2) 삼촌은 | ㄷ | ㅇ | 가 | 이시다.

    * 도자기 공예를 전문적으로 하는 사람.

(3) 희준이는 몸이 불편한 현서에게 든든한 | ㄷ | ㅇ | ㅁ | 가 되어 준다.

    * 도움을 주는 사람.

(4) 수연이는 방학 때마다 | ㅇ | ㅎ | | 니 | 를 뵈러 외갓집에 간다.

    * 어머니의 어머니.

(5) 나폴레옹은 프랑스의 | ㅎ | 제 | 였다.

    * 제국(여러 나라를 다스리는 크고 힘센 나라)의 왕.

(6) 정환이는 | ㄱ | ㅋ | ㅍ | 를 제치고 골을 넣어 우리 팀을 승리로 이끌었다.

    * 축구, 핸드볼 따위에서 골문을 지키는 선수.

6 흉내 내는 말

설명을 읽고, 문장에 어울리는 흉내말을 알맞게 찾아 쓰세요.

(1) 아이들은 전학 온 민지를 _____ 쳐다보았다.

* 눈알을 굴려 자꾸 몰래 보는 모양.

(2) 지훈이는 _____ 웃으며 내게 말했다.

* 행동이나 말을 자꾸 엉큼하고 능청스럽게 하는 모양.

(3) 장훈이는 친구들이 주는 우유를 _____ 받아 마셨다.

* 무엇을 자꾸 빠르게 받아 가지는 모양.

(4) 종민이는 뭐가 그리 좋은지 하루 내내 _____ 웃었다.

* 입을 벌리고 소리 없이 웃는 모양.

(5) 발표를 기다리는 동안 가슴이 _____ 타는 듯했다.

* 매우 긴장하거나 힘주는 모양.

보기   힐끔힐끔   벙긋벙긋

바짝바짝   느물느물   널름널름

7 대회

이야기를 읽고, 밑줄 친 곳에 들어갈 낱말을 쓰세요.

드디어 (1) ______ 대회 날이다. 우리는 입상을 목표로 한 달 내내 연습했다. 하지만 최종 연습에서도 (2) ______이 맞지 않아 참가에 의미를 두기로 했다.

우리 반 차례가 되었다. 막상 무대에 오르니 가슴이 콩닥콩닥 뛰었다. 우리는 소율이의 (3) ______에 따라 박자를 맞춰가며 즐겁게 노래했다. 노래가 끝나자 (4) ______이 터져 나왔다. 여기저기서 앙코르를 요청하는 소리도 들렸다. 너무나 (5) ______였다. 우리는 벅찬 감정을 안고 한동안 무대 위에 (6) ______서 있었다. 대회가 끝나고 수상식이 진행되었다. 대상 발표를 앞두고 모두 숨죽이고 있는 그때,

"김태영, 얼른 안 일어나!"

어머니의 목소리가 들렸다. 꿈이었다. 나는 꿈이 현실로 일어나길 간절히 바랐다.

(1) 여러 사람이 목소리를 맞추어 노래하는 것. | 하 | 차 |

(2) 높이가 다른 둘 이상의 음이 함께 어울려 나는 소리. | ㅎ | 음 |

(3) 합주 등을 할 때 앞에서 지시하고 이끄는 것. | ㅈ | ㅎ |

(4) 여럿이 함께 크게 외치는 소리. | 하 | ㅅ |

(5) 생각했거나 기대했던 것과는 달리. 비 뜻밖 | ㅇ | 외 |

(6) 넋이 나간 듯이 한자리에 가만히 서 있거나 앉아 있는 모양. | ㅇ | 두 | ㅋ | 니 |

8 무슨 뜻일까요?

밑줄 친 낱말의 알맞은 뜻을 찾아 번호를 쓰세요.

(1) 성균이는 용돈을 모아 <u>벼르던</u> 장난감을 샀다. (   )

　① 잃어버렸던.

　② 무엇을 하려고 단단히 마음먹고 기다리던.

(2) 우리 집 화분에 물을 주는 일은 내가 <u>도맡아</u> 한다. (   )

　① 일을 혼자 다 맡아.

　② 다른 사람들에게 일을 나누어 맡겨.

(3) 지후는 <u>어눌한</u> 말투였지만 밝고 경쾌한 목소리였다. (   )

　① 말이 앞뒤가 들어맞지 않는.

　② 말을 매끄럽게 하지 못하고 조금 우물거리는.

(4) 현수가 진태에게 <u>을러대다가</u> 선생님께 들켜 혼이 났다. (   )

　① 돈을 빼앗다가.

　② 상대가 겁을 먹도록 위협하다가.

(5) 가은이는 마음속에 <u>억눌렀던</u> 말을 꺼냈다. (   )

　① 느낌이나 기분을 억지로 참던.

　② 오래되어 잊고 있었던.

(6) 오늘은 몹시 <u>분주한</u> 하루였다. (   )

　① 바쁘게 움직인.

　② 게으르고 느리게 움직인.

9 바꾸어 쓰기

 밑줄 친 말을 한 낱말로 바꾸어 쓰세요.

(1) <u>견디기 힘들 정도로 몹시 괴롭고 싫은</u> 시험이 드디어 끝났다.

(2) 아침부터 교실에서는 아이들이 <u>시끄럽고 어수선한 데가 있게</u> 떠들고 있었다.

(3) 평소에 <u>마음에 들지 않아 좋지 않게</u> 여기던 인국이와 짝이 되니 기분이 별로였다.

(4) 여름철에 <u>계속해서 많이 내리는 비</u>가 끝나고 나니 본격적인 더위가 시작되었다.

(5) <u>떳떳하지 못하고 겁이 많은</u> 일등보다 당당한 꼴등이 낫다.

(6) 뭐든 무조건 잘하면 남들이 나를 <u>얕잡아 보지</u> 못할 거라고 생각했어.

10 바르게 쓰기

 잘못 쓴 낱말에 밑줄을 긋고 바르게 고쳐 쓰세요.

(1) 형은 도서관에 간다며 일치감치 집을 나섰다.

_____

(2) 너무 놀라서 하마트면 소리를 지를 뻔했다.

_____

(3) 해말게 웃는 명진이를 보니 내 입가에도 웃음이 번졌다.

_____

(4) 지민이는 한결가치 친구들에게 웃는 얼굴로 대한다.

_____

(5) 나는 자리에 앉아 출입문 쪽을 뚫어져라 살폈다.

_____

(6) 승기가 반장이라고 잘난 척하진 안잖아.

_____

(7) 정원이는 선생님과 친구들의 실망한 눈빛에 충격을 받았다.

_____

11 띄어쓰기

괄호 안의 띄어쓰기 횟수만큼 띄어야 할 부분에 ∨표 하세요.

(1) 나도너랑똑같은열한살이야. (4)

(2) 준석이는숙제도잘안해온다. (5)

(3) 복도에서발소리가날때마다가슴을졸였다. (5)

(4) 웃는걸보니정말괜찮은것같네. (6)

(5) 넌나처럼잘못하는걸잘하는척하지는않잖아. (7)

(6) 내마음의키도한뼘쯤더자란것같았다. (8)

(7) 비때문에못할줄알았던체육을체육관에서했다. (8)

3차 개정판

어린이 **훈민정음**

정답과 해설

맞춤법　발음

띄어쓰기

원고지 사용법

기초 문법

어휘력은 모든 학습의 뿌리

5-1

어린이 **훈민정음** 5-1
정답과 해설

본 교재는 어휘력 향상을 위해 만들었지만, 문장 하나하나도 학습에 도움이 되도록 정성을 기울였습니다. 그러므로 교재에 나오는 예시 문장을 자세히 살펴 문장 학습을 하는 데에 이용하시기 바랍니다.

본 교재는 어휘력은 물론, 맞춤법과 발음, 띄어쓰기, 기초 문법, 원고지 사용법 등의 내용을 함께 다루고 있습니다.

1 대화와 공감 7쪽

1. (1) 짐작
   (2) 평가
   (3) 강요
   (4) 진심
   (5) 배려, 조언

2. (1) 성
   (2) 비
   (3) 빈
   (4) 무
   (5) 하

3. (1) 청구
   (2) 갈래
   (3) 희곡
   (4) 수필
   (5) 띠지
   (6) 글귀

4. (1) 발휘
   (2) 생태
   (3) 과장
   (4) 잠재
   (5) 소질

(6) 실현
(7) 방해
(8) 첫걸음
(9) 밑그림
(10) 엄살
(11) 단서
(12) 꾸지람
(13) 공감

5. (1) 한바탕
   (2) 황급히
   (3) 다소
   (4) 정작
   (5) 한바탕
   (6) 황급히
   (7) 정작
   (8) 다소

6. (1) ①
   (2) ①
   (3) ②
   (4) ②
   (5) ②
   (6) ①

문제의 오답 풀이입니다.
(2) ② 이지메
(3) ① 연전연패했지만
(5) ① 서투른

7.(1) 포기
　(2) 용기
　(3) 어린
　(4) 조화

8.(1) 제시간
　(2) 양보
　(3) 가치
　(4) 바이러스

9.(1) 깨닫지
　(2) 고민거리
　(3) 이야깃거리
　(4) 덩치
　(5) 헤매고
　(6) 옮지
　(7) 텐데

10.

	(1)마	(2)구	간		
(3)우		덩		(7)학	(8)자
(4)화	(5)풀	이			화
	피			(9)연	상
(6)부	리		(10)야	산	
럼		(11)일	생		

2 작품을 감상해요　　18쪽

1.(1) 신곡
　(2) 신간
　(3) 신축
　(4) 신도시
　(5) 신작로
　(6) 신입생

2.(1) 먹다
　(2) 어른거리다
　(3) 벌어지다
　(4) 찌푸리다
　(5) 거두다

3.(1) 장안
　(2) 독립
　(3) 샅샅이
　(4) 방방곡곡
　(5) 곁눈질
　(6) 홰
　(7) 안마
　(8) 엿듣고
　(9) 신념
　(10) 맥
　(11) 곱절
　(12) 시신
　(13) 뿔뿔이

4.(1) 선비
　(2) 후손
　(3) 헌병
　(4) 사촌
　(5) 동지
　(6) 일꾼

5.(1) 장터
　(2) 감옥

(3) 길목

(4) 고향

(5) 공원

(6) 정류장

(7) 다락방

(8) 기숙사

6. (1) 침략

(2) 겨레

(3) 훼방

(4) 층계

(5) 실컷

(6) 함부로

7. (1) ①

(2) ①

(3) ②

(4) ①

(5) ②

(6) ②

 해 설

문제의 오답 풀이입니다.
(1) ② 하염없이
(4) ② 신비한

8. (1) 성

(2) 도로

(3) 천지

(4) 전원

9. (1) 문물

(2) 입학

(3) 남녀노소

(4) 고문

(5) 재판

10. (1) 무릅쓰고

(2) 밤새워

(3) 끊이지

(4) 깎아서

(5) 이튿날

(6) 산봉우리

(7) 해칠

11. (1) 아래층에는∨방이∨모두∨세∨칸이다.

(2) 주하는∨아침을∨먹자마자∨학교로∨
달려갔다.

(3) 집에∨돌아오면∨몸은∨말할∨수∨없이∨
피곤했다.

(4) 공부만∨할∨것이∨아니라∨운동도∨해야∨
한다.

(5) 엄마가∨시키는∨대로∨다∨하려면∨내가∨
둘은∨있어야∨해.

(6) 어린∨소녀로서는∨생각할∨수∨없을∨
만큼∨놀라운∨지혜와∨용기였다.

(7) 새벽부터∨장터에∨모여든∨사람들은∨
여느∨때보다∨몇∨곱절이나∨되었다.

3 글을 요약해요 30쪽

1. (1) 척추동물

(2) 아가미

(3) 비늘

(4) 옆줄

2. (1) 헝겊

(2) 감염

(3) 민감하게

(4) 청결

(5) 위생

(6) 약사

3. (1) 전투
   (2) 화약
   (3) 무기
   (4) 군복
   (5) 전장
   (6) 항복

4. (1) 보호자
   (2) 관광객
   (3) 위생사
   (4) 예술가
   (5) 법관
   (6) 군인

5. (1) 당일
   (2) 무료
   (3) 대웅전
   (4) 석탑
   (5) 국보
   (6) 평면
   (7) 균형
   (8) 눈길
   (9) 혁명
   (10) 외형
   (11) 진주
   (12) 서적
   (13) 문단

6. (1) 피사의 사탑
   (2) 다보탑
   (3) 동방명주탑
   (4) 에펠탑
   (5) 워싱턴 기념탑
   (6) 석가탑

7. (1) 열거
   (2) 대조
   (3) 비교

(4) 묘사
(5) 묘사
(6) 비교
(7) 열거
(8) 대조

8. (1) 따뜻한
   (2) 물
   (3) 언제든지
   (4) 한가운데
   (5) 계급
   (6) 다시

9. (1) 수분
   (2) 공통점
   (3) 평등
   (4) 아군
   (5) 흡수
   (6) 송신

10. (1) [궁닙]
    (2) [방물관]
    (3) [공농]
    (4) [실라]
    (5) [건충물]
    (6) [설랄]
    (7) [싱물]
    (8) [바단물]

해 설

1. 앞소리의 받침이 뒤따라 오는 자음에 영향을 줍니다.
   중력[중녁], 공룡[공뇽] .설날[설랄]

2. 뒷말의 자음이 앞소리 받침에 영향을 줍니다.
   국물[궁물], 박물관[방물관], 건축물[건충물]
   식물[싱물], 신라[실라]
   비닷물[바닫물 → 바단물]

3. 앞소리의 받침과 뒤따라 오는 자음이 서로 영향을
   주고받습니다.
   백로[백노 → 뱅노], 국립[국닙 → 궁닙]

1. (1) ① 아기가
       ② 웃는다
   (2) ① 꽃이
       ② 피었다
   (3) ① 누나는
       ② 중학생이다
   (4) ① 할아버지께서
       ② 신문을
       ③ 보신다
   (5) ① 정태가
       ② 공을
       ③ 던진다

2. (1) 본다
   (2) 먹었다
   (3) 갈 것이다
   (4) 드렸다
   (5) 주무신다
   (6) 오셨다
   (7) 안겼다
   (8) 먹혔다
   (9) 지저귀고
   (10) 내리고
   (11) 쓰고

3. (1) 뒤집개
   (2) 베개
   (3) 개꿈
   (4) 깔개
   (5) 개살구

4. (1) 문장
   (2) 딸꾹질
   (3) 투정
   (4) 골고루
   (5) 달걀말이
   (6) 비법
   (7) 억지로
   (8) 삼촌
   (9) 적당량
   (10) 식용유
   (11) 도전
   (12) 학급
   (13) 동작

5. (1) 줌
   (2) 알
   (3) 다발
   (4) 모
   (5) 점
   (6) 톨

6. (1) 찌다
   (2) 삶다
   (3) 다지다
   (4) 졸이다
   (5) 쑤다
   (6) 무치다

7. (1) ②
   (2) ①
   (3) ①
   (4) ②
   (5) ②
   (6) ①

 해 설

문제의 오답 풀이입니다.
(2) ② 따분해진다
(3) ② 시큰거렸다
(4) ① 소곤거렸다

5 글쓴이의 주장   51쪽

1. (1) 중독
   (2) 난청
   (3) 장애
   (4) 증후군
   (5) 사망

2. (1) 표절
   (2) 허위
   (3) 인용
   (4) 출처
   (5) 창작물
   (6) 저작권

3. (1) 주장
   (2) 근거
   (3) 뒷받침
   (4) 제시
   (5) 무시
   (6) 고려

4. (1) 동
   (2) 다
   (3) 병
   (4) 배
   (5) 손
   (6) 말

5. (1) 보행
   (2) 분포
   (3) 반지름
   (4) 턱
   (5) 비극
   (6) 지배력
   (7) 통제
   (8) 덫
   (9) 처벌

   (10) 조작
   (11) 인공
   (12) 기여
   (13) 법안, 제출

6. (1) 이로운
   (2) 무인
   (3) 예의
   (4) 윤리
   (5) 신뢰
   (6) 규범

7. (1) ①
   (2) ②
   (3) ②
   (4) ①
   (5) ①
   (6) ②

 해설

(1) ② 적다
(2) ① 느긋하게
(3) ① 박탈했다
(4) ② 퍼뜨려라

8. (1) 다운로드
   (2) 웹툰
   (3) 킬러
   (4) 로봇
   (5) 빌딩
   (6) 페인트

9. (1) ① 과속
      ② 단속
   (2) ① 위반
      ② 절반
   (3) ① 역효과
      ② 방과

10.(1) 정민이와∨수현이는∨고생을∨함께한∨친구다.

(2) 그중∨수현이는∨나의∨가장∨친한∨친구다.

(3) 연주는∨어려운∨문제도∨단번에∨알아맞히는∨척척박사다.

(4) 점심밥을∨먹는데∨갑자기∨창밖에서∨이상한∨소리가∨들렸다.

(5) 이∨책을∨다∨읽는∨데에∨일주일이나∨걸렸다.

(6) 지난해∨봄에∨우리∨식구는∨강원도로∨여행을∨다녀왔다.

(7) 동생은∨바닥에∨장난감과∨색연필을∨늘어놓은∨채∨놀고∨있었다.

6 토의하여 해결해요 63쪽

1.(1) 토론

(2) 토의

(3) 설득

(4) 설명

2.(1) 역사

(2) 상징

(3) 전교생

(4) 학생회

(5) 교사

(6) 개교기념일

3.(1) 구역

(2) 교통사고

(3) 표지판

(4) 주정차

(5) 불법

(6) 단속

4.(1) 절차

(2) 대출

(3) 고사리손

(4) 기준

(5) 요구

(6) 대책

(7) 화제

(8) 협력

(9) 중단

(10) 판단

(11) 개선

(12) 신속하게

(13) 해결

5.(1) 가로수

(2) 삼행시

(3) 따분하게

(4) 연대표

(5) 둘레

(6) 방안

6.(1) 주제

(2) 안건

(3) 의견

(4) 검토

(5) 논의

(6) 결정

(7) 근거

7.

(1) 직접 — 간접
(2) 강화 — 약화
(3) 과거 — 미래
(4) 활용 — 악용
(5) 장점 — 단점
(6) 만족 — 불만
(7) 단체 — 개인

8.(1) 속담

(2) 덕담

(3) 미담

(4) 진담

(5) 험담

(6) 회담

(7) 무용담

9.(1)

/	미	리		전	화	하	고		왔
으	면		좋	았	을	걸	.		

(2)

/	그	토	록		바	라	던		걸	∨
이	룬		소	감	이		어	때	?	

(3)

/	이	럴		줄		알	았	으	면	∨
더		열	심	히		노	력	할	걸	.

해설

주어진 답안처럼 띄어 써야 할 곳이 원고지의 맨 끝 칸인 경우, 띄어 씀을 표시(∨)하면 띄어쓰기 실력 향상에 도움이 됩니다.

10.

	인(1)	력	거(2)
창(10)	내	인(3)	사(4)
호(9)	기	심	랑
지		예(5)	방
	처(8)	대(6)	감
	지(7)	구	본

1.(1) 양지

(2) 습지

(3) 황무지

(4) 신천지

(5) 유적지

(6) 조림지

2.(1) 하르방

(2) 감수광

(3) 비바리

(4) 할망

(5) 오름

(6) 산담

(7) 코지

3.(1) 산비탈

(2) 산천단

(3) 산신

(4) 산장

(5) 등산로

(6) 하산

(7) 계곡

(8) 경사면

(9) 분화구

(10) 능선

(11) 외벽

(12) 기암괴석

(13) 절벽

(14) 방풍림

4.(1) 답사

(2) 맵시

(3) 공상

(4) 포복

(5) 수령

(6) 유래

5.(1) 좋아한다
　(2) 차례
　(3) 이상한
　(4) 갑자기
　(5) 큰
　(6) 편안한

6.(1) 감상
　(2) 견문
　(3) 여정
　(4) 여정
　(5) 견문
　(6) 감상

7.(1) 풍광
　(2) 해안선
　(3) 일출
　(4) 장관
　(5) 병풍
　(6) 조망

8.(1) ①
　(2) ①
　(3) ②
　(4) ②
　(5) ②
　(6) ①

 해 설

문제의 오답 풀이입니다.
⑶ ① 두려움
⑷ ① 을씨년스럽다

9.(1) 착륙
　(2) 기내
　(3) 시야
　(4) 상공
　(5) 선회
　(6) 활주로

10.(1) 맞닿아
　(2) 수놓은
　(3) 설렘
　(4) 빨랫돌
　(5) 갯벌
　(6) 가팔라서
　(7) 허리춤

 해 설

⑶'설레다'의 명사형은 '설렘'입니다. 동사 기본형의 바뀌지 않는 부분에 '-ㅁ'을 넣어 명사형을 만듭니다.
　설레(다) + '-ㅁ' → 설렘
　다르(다) + '-ㅁ' → 다름
　두 낱말이 합쳐져 한 낱말을 만들 때, 뒤에 오는 말이 된소리(ㄲ, ㄸ ㅃ, ㅆ, ㅉ)로 소리 나면 'ㅅ'이 받침으로 붙습니다.
　⑷ 빨래 + 돌 → 빨랫돌[빨래똘, 빨랟똘]
　⑸ 개 + 벌 → 갯벌[개뻘, 갣뻘]
　그러나 뒤에 오는 말이 거센소리(ㅊ, ㅋ, ㅌ, ㅍ)로 시작할 경우에는 'ㅅ'이 붙지 않습니다.
　⑺ 허리 + 춤 → 허리춤

8 아는 것과 새롭게 안 것 85쪽

2.(1) 사과나무 → 사과 + 나무
　(2) 구름다리 → 구름 + 다리
　(3) 애호박 → 애 + 호박
　(4) 풋고추 → 풋 + 고추
　(5) 덧신 → 덧 + 신
　(6) 풋잠 → 풋 + 잠
　(7) 한겨울
　(8) 맨입
　(9) 햇사과
　⑽ 맨주먹
　⑾ 지킴이
　⑿ 소리꾼
　⒀ 욕심꾸러기
　⒁ 낚시꾼
　⒂ 잠꾸러기

3. (1) ① 단일어
　　② 복합어
　(2) ① 산업화
　　② 도시화
　(3) ① 효심
　　② 안심
　(4) ① 깃대종
　　② 지표종

4. (1) 제사
　(2) 쇠붙이
　(3) 연주
　(4) 사방
　(5) 질그릇
　(6) 탄력
　(7) 광부
　(8) 주발
　(9) 모래시계
　(10) 장인
　(11) 풍물놀이
　(12) 가락
　(13) 누에고치

5. (1) 해금
　(2) 아쟁
　(3) 부
　(4) 훈
　(5) 대금
　(6) 단소
　(7) 꽹과리
　(8) 나발
　(9) 북
　(10) 장구
　(11) 생황
　(12) 편경

6. (1) ②
　(2) ②

(3) ①
(4) ②
(5) ①
(6) ①

 해 설

문제의 오답 풀이입니다.
(2) ① 암초
(4) ① 금광
(6) ② 조화

7. (1) 서식지
　(2) 생존
　(3) 멸종
　(4) 생태계
　(5) 하천
　(6) 오염
　(7) 보존
　(8) 토종
　(9) 천연기념물

8. (1) 광대하다
　(2) 청아하다
　(3) 웅장하다
　(4) 묵직하다
　(5) 우묵하다
　(6) 섬세하다

9 여러 가지 방법으로 읽어요 97쪽

1. (1) 죽순
　(2) 표주박
　(3) 연적
　(4) 향로

2. (1) 출판
　(2) 막대 표시
　(3) 등장인물

(4) 줄거리

(5) 모방

(6) 제목

3. (1) 공예

(2) 윤

(3) 유약

(4) 상감

(5) 청자

(6) 도공

4. (1) 정확성

(2) 타당성

(3) 실용성

(4) 독창성

(5) 심각성

5. (1) ① 할인점

  ② 백화점

(2) ① 효과적

  ② 회화적

(3) ① 미술관

  ② 박물관

(4) ① 집중력

  ② 기술력

6. (1) 암호

(2) 표식

(3) 배열

(4) 응답

(5) 귀퉁이

(6) 산업 혁명

(7) 명함

(8) 누리집

(9) 열정

(10) 패기

(11) 주목

(12) 기포

(13) 나전 칠기

7. (1) ①

(2) ②

(3) ①

(4) ②

(5) ①

(6) ①

해 설

문제의 오답 풀이입니다.

⑴ ② 바코드

⑵ ① 좌우 반전

⑸ ② 연구했다

8. (1) 적용

(2) 다른

(3) 뛰어나다

(4) 푸른색

(5) 아름답다

(6) 이해할

9. (1) 문양

(2) 대처한다

(3) 유명

(4) 짙은

(5) 비판

(6) 동의

10. (1) 빚고

(2) 메우고

(3) 훑어

(4) 우물쭈물

(5) 갖추어야

(6) 큐아르

(7) 꼼꼼히

해 설

⑹ 알파벳 'R'은 '아르'라고 씁니다.

11. (1)

	나	는		코	끼	리	만		한	∨
개	구	리	를		보	았	어	.		

(2)

	이		정	도	의		주	사	는	∨
참	을		만	하	네	요	.			

(3)

	아	이	는		집	채	만		한	∨
바	위	를		번	쩍		들	었	다	.

10 주인공이 되어   109쪽

1. (1) 뜸
   (2) 입
   (3) 고개
   (4) 열

2. (1) 신임
   (2) 대꾸
   (3) 덥석
   (4) 수확
   (5) 생시
   (6) 막상
   (7) 일상생활
   (8) 이혼
   (9) 시기
   (10) 짐작
   (11) 나지막이
   (12) 즈음
   (13) 부쩍

3. (1) 수군거렸다
   (2) 투덜거렸다
   (3) 빈정거렸다
   (4) 간질거렸다
   (5) 울렁거렸다
   (6) 긁적거렸다

4. (1) ① 눈치
   ② 눈짓
   (2) ① 말싸움
   ② 말투
   (3) ① 자존심
   ② 관심

5. (1) 심판
   (2) 도예가
   (3) 도우미
   (4) 외할머니
   (5) 황제
   (6) 골키퍼

6. (1) 힐끔힐끔
   (2) 느물느물
   (3) 널름널름
   (4) 벙긋벙긋
   (5) 바짝바짝

7. (1) 합창
   (2) 화음
   (3) 지휘
   (4) 함성
   (5) 의외
   (6) 우두커니

8. (1) ②
   (2) ①
   (3) ②
   (4) ②
   (5) ①
   (6) ①

9. (1) 지긋지긋한

   (2) 소란스럽게

   (3) 불쾌하게

   (4) 장마

   (5) 비겁한

   (6) 깔보지

10. (1) 일찌감치

    (2) 하마터면

    (3) 해맑게

    (4) 한결같이

    (5) 뚫어져라

    (6) 않잖아

    (7) 눈빛

11. (1) 나도∨너랑∨똑같은∨열한∨살이야.

    (2) 준석이는∨숙제도∨잘∨안∨해∨온다.

    (3) 복도에서∨발소리가∨날∨때마다∨가슴을∨
        졸였다.

    (4) 웃는∨걸∨보니∨정말∨괜찮은∨것∨같네.

    (5) 넌∨나처럼∨잘∨못하는∨걸∨잘하는∨척하
        지는∨않잖아.

    (6) 내∨마음의∨키도∨한∨뼘∨쯤∨더∨자란∨
        것∨같았다.

    (7) 비∨때문에∨못∨할∨줄∨알았던∨체육을∨
        체육관에서∨했다.

시서례 초등 학습서

 어린이 훈민정음

- 교과서 중심의 어휘력 교재.
- 다양한 형식의 문제를 풀면서 쉽고 재미있게
  어휘력을 키울 수 있습니다.
  학년별2권 총12권

 초등국어 독해력 비타민

- 다양한 장르와 소재에 적응하게 해주는 독해력 교재.
- 동화, 설명문, 논설문, 시, 기사문 등 여러 형식과 문학, 과학,
  역사, 사회, 철학 등 다양한 내용의 예문으로
  폭넓은 독해력을 갖게 해줍니다.
  단계별1권 총6권

나의 생각 글쓰기

- 기초 문장력부터 바로잡아 주는 갈래별 글쓰기 교재.
- 일기, 생활문, 독후감, 논설문, 설명문 등을 학년에 맞게
  구성하였습니다.
  학년별2권 총12권